ISSO É MARKETING

Para ser visto é preciso aprender a enxergar

SETH GODIN

ALTA BOOKS
E D I T O R A
Rio de Janeiro, 2019

Isso é marketing: para ser visto é preciso aprender a enxergar
Copyright © 2019 da Starlin Alta Editora e Consultoria Eireli. ISBN: 978-85-508-0764-5

Translated from original This is Marketing. Copyright © 2018 by Seth Godin. All rights reserved. ISBN 9780525540847. This translation is published and sold by permission of Portfolio/ Penguin, an imprint of Penguin Random House LLC, the owner of all rights to publish and sell the same. PORTUGUESE language edition published by Starlin Alta Editora e Consultoria Eireli, Copyright © 2019 by Starlin Alta Editora e Consultoria Eireli.

Todos os direitos estão reservados e protegidos por Lei. Nenhuma parte deste livro, sem autorização prévia por escrito da editora, poderá ser reproduzida ou transmitida. A violação dos Direitos Autorais é crime estabelecido na Lei nº 9.610/98 e com punição de acordo com o artigo 184 do Código Penal.

A editora não se responsabiliza pelo conteúdo da obra, formulada exclusivamente pelo(s) autor(es).

Marcas Registradas: Todos os termos mencionados e reconhecidos como Marca Registrada e/ou Comercial são de responsabilidade de seus proprietários. A editora informa não estar associada a nenhum produto e/ou fornecedor apresentado no livro.

Impresso no Brasil — 2019 — Edição revisada conforme o Acordo Ortográfico da Língua Portuguesa de 2009.

Publique seu livro com a Alta Books. Para mais informações envie um e-mail para autoria@altabooks.com.br

Obra disponível para venda corporativa e/ou personalizada. Para mais informações, fale com projetos@altabooks.com.br

Produção Editorial	**Produtor Editorial**	**Marketing Editorial**	**Vendas Atacado e Varejo**	**Ouvidoria**
Editora Alta Books	Juliana de Oliveira	marketing@altabooks.com.br	Daniele Fonseca	ouvidoria@altabooks.com.br
Gerência Editorial		**Editor de Aquisição**	Viviane Paiva	
Anderson Vieira		José Rugeri	comercial@altabooks.com.br	
		j.rugeri@altabooks.com.br		

	Adriano Barros	Illysabelle Trajano	Maria de Lourdes Borges	Thauan Gomes
Equipe Editorial	Bianca Teodoro	Kelry Oliveira	Paulo Gomes	Thiê Alves
	Ian Verçosa	Keyciane Botelho	Thales Silva	

Tradução	**Copidesque**	**Revisão Gramatical**	**Diagramação**	**Capa**
Kathleen Miozzo	Alberto Streicher	Rochelle Lassarot	Luisa Maria Gomes	Bianca Teodoro
		Wendy Campos		

Erratas e arquivos de apoio: No site da editora relatamos, com a devida correção, qualquer erro encontrado em nossos livros, bem como disponibilizamos arquivos de apoio se aplicáveis à obra em questão.

Acesse o site www.altabooks.com.br e procure pelo título do livro desejado para ter acesso às erratas, aos arquivos de apoio e/ou a outros conteúdos aplicáveis à obra.

Suporte Técnico: A obra é comercializada na forma em que está, sem direito a suporte técnico ou orientação pessoal/exclusiva ao leitor.

A editora não se responsabiliza pela manutenção, atualização e idioma dos sites referidos pelos autores nesta obra.

Dados Internacionais de Catalogação na Publicação (CIP) de acordo com ISBD

G585i   Godin, Seth

Isso é Marketing: Para Ser Visto é Preciso Aprender a Enxergar / Seth Godin ; traduzido por Kathleen Miozzo. - Rio de Janeiro : Alta Books, 2019.
288 p. : il. ; 14cm x 21cm.

Tradução de: This is Marketing
Inclui índice
ISBN: 978-85-508-0764-5

1. Marketing. I. Miozzo, Kathleen. II. Título.

CDD 658.8
2019-560   CDU 658.8

Elaborado por Vagner Rodolfo da Silva - CRB-8/9410

Rua Viúva Cláudio, 291 — Bairro Industrial do Jacaré
CEP: 20970-031 — Rio de Janeiro - RJ
Tels.: (21) 3278-8069 / 3278-8419
www.altabooks.com.br — altabooks@altabooks.com.br
www.facebook.com/altabooks

Para Leo, Anna, Mo, Sammy, Alex, Bernadette e Shawn...
E para todas as novas vozes que tornam nossas vidas melhores

AGRADECIMENTOS

● ● ● ● ●

Eu só posso pegar emprestado. Não conheço nenhuma ideia puramente original, que caia do céu como um relâmpago. E se eu pegar grandes ideias emprestadas e as recombinar de maneiras interessantes, talvez possa contribuir com algo para alguém.

Neste livro, peguei ainda mais empréstimos do que o habitual. De Michael Schrage para o embrião da ideia de mudança, de Bernadette Jiwa, que fez um trabalho tão generoso com histórias, e de Tom Peters em... bem, em tudo. Existem alguns detalhes no meu blog, publicados diariamente. E, claro, sou grato a Pam Slim, Jackie Huba, Jenny Blake, Brian Koppelman, Michael Bungay Stanier, Alex Peck, Steve Pressfield, Shawn Coyne, Al Pittampalli, Ishita Gupta, Clay Hebert, Alex DiPalma, David Meerman Scott (Deadhead), Amy Koppelman, Nicole Walters, Brené Brown, Marie Forleo, WillieJackson.com, Jacqueline Novogratz, John Wood, Scott Harrison, Cat Hoke, Michael Tremonte, Keller Williams, Tim Ferriss, Patricia Barber, Harley Finkelstein, Fiona McKean, Lil Zig Ballesteros, Zig Ziglar, David Ogilvy, Jay Levinson, Sheryl Sandberg, Adam Grant, Susan Piver, Aria Finger, Nancy Lublin, Chris Fralic, Kevin Kelly, Lisa Gansky, Roz Zander, Ben Zander, Micah Sifry, Micah Solomon, Teri Tobias,

Tina Roth Eisenberg, Paul Jun, Jack Trout, Al Ries, John Acker, Rohan Rajiv, Niki Papadopoulos, Vivian Roberson, os alunos generosos do TheMarketingSeminar.com, e os coaches Travis Wilson, Françoise Hontoy, Scott Perry, Louise Karch, assim como os extraordinários Kelli Wood, Marie Schacht, Sam Miller e Fraser Larock. E Maya P. Lim, Jenn Patel e Lisa DiMona. Meus agradecimentos a Alex, Sarah, Leo e Future Peck, tal como aos ex-alunos e coaches do altmba.com.

Eternos e intermináveis agradecimentos especiais a Alex Godin, Mo Godin e, claro, Helene.

SOBRE O AUTOR

● ● ● ● ●

Em 2018, Seth Godin foi homenageado no Hall of Fame da AMA Marketing. Esse é o ponto mais alto de mais de 30 anos de ensino, liderança, colaboração, fracassos, engajamento e busca.

Seth conduz o TheMarketingSeminar.com, que é o workshop intensivo em que este livro se baseia. Ele também criou o altMBA, um notável workshop de um mês que ajuda os líderes a subirem de nível. Seth escreveu 18 best-sellers que foram traduzidos para mais de 35 idiomas e também escreve um dos blogs mais populares do mundo, encontrado em seths.blog.

Trabalhou com Jay Levinson, Bernadette Jiwa, Adrian Zackheim, Lester Wunderman, TED, Jay Chiat, Tom Peters, Michelle Kydd Lee, Jerry Shereshewsky, na *Harvard Business Review*, NYU, MIT Media Lab, Mayor Alan Webber, Bill Taylor, Steve Wozniak, Steve Pressfield, Krista Tippett, Cat Hoke, Scott Harrison, Michelle Welsch, Jacqueline Novogratz, e com agentes de mudanças, líderes e bostejadores por todo mundo. Saiba mais em TheMarketingSeminar.com

SUMÁRIO

NOTA DO AUTOR • XV

CAPÍTULO UM • 1
Sem Marketing de Massa, sem Spam,
sem Passar Vergonha...

CAPÍTULO DOIS • 11
O Profissional de Marketing
Aprende a Enxergar

CAPÍTULO TRÊS • 17
O Marketing Muda as Pessoas por Meio de Histórias,
Conexões e Experiência

CAPÍTULO QUATRO • 27
O Menor Mercado Viável

CAPÍTULO CINCO • 43
Em Busca do "Melhor"

CAPÍTULO SEIS • 67
Além das Commodities

Sumário

CAPÍTULO SETE • 79
A Tela dos Sonhos e Desejos

CAPITULO OITO • 91
Mais de Quem: Buscando o Menor
Mercado Viável

CAPÍTULO NOVE • 103
Pessoas Como Nós Fazem Coisas Assim

CAPÍTULO DEZ • 115
Confiança e Tensão Criam um
Movimento para Frente

CAPÍTULO ONZE • 125
Status, Domínio e Afiliação

CAPÍTULO DOZE • 143
Um Plano de Negócios Melhor

CAPÍTULO TREZE • 147
Semiótica, Símbolos e Vernáculo

CAPITULO QUATORZE • 159
Trate Pessoas Diferentes de
Forma Diferente

CAPÍTULO QUINZE • 167
Alcançando as Pessoas Certas

CAPÍTULO DEZESSEIS • 181
O Preço É uma História

CAPÍTULO DEZESSETE • 191
Permissão e Presença em um
Ciclo Virtuoso

SUMÁRIO   xiii

CAPÍTULO DEZOITO • 201
A Confiança é Tão Escassa Quanto a Atenção

CAPÍTULO DEZENOVE • 205
O Funil

CAPÍTULO VINTE • 231
Organizando e Liderando uma Tribo

CAPÍTULO VINTE E UM • 241
Alguns Estudos de Caso Usando o Método

CAPÍTULO VINTE E DOIS • 247
O Marketing Funciona, e
Agora Chegou a sua Vez

CAPÍTULO VINTE E TRÊS • 249
Fazendo Marketing para a
Pessoa Mais Importante

UMA LISTA DE LEITURA DE MARKETING • 255

UMA SIMPLES PLANILHA DE MARKETING • 259

ÍNDICE • 261

MAIS OBRAS DE SETH GODIN • 265

[um esboço para mostrar o que vem por aí]

NOTA DO AUTOR

O marketing está ao nosso redor. Desde suas primeiras memórias até o momento em que abriu este livro, você vive imerso em marketing. Desde cedo, aprendeu a ler os logotipos na beira da estrada e gastou seu tempo e seu dinheiro reagindo ao que os profissionais de marketing pagam para que seja exibido a você. Marketing, mais do que um lago ou uma floresta, é a paisagem de nossas vidas modernas.

Como o marketing é uma presença constante em nossas vidas, nem sempre o percebemos. Assim como os peixes não compreendem o conceito de água, não conseguimos ver o que de fato acontece e não percebemos como isso está nos transformando.

É hora de darmos um passo além. Melhorar as coisas, provocar a mudança que gostaríamos de ver no mundo. O objetivo dever ser ampliar seu projeto, claro que sim, mas o foco deve ser servir às pessoas com quem você se importa.

A resposta para praticamente todas as perguntas de trabalho é, na verdade, a pergunta: "Quem você pode ajudar?"

Isso é marketing

- O marketing busca sempre mais. Mais participação de mercado, mais clientes, mais trabalho.
- O marketing é impulsionado pelo melhor. Melhor serviço, melhor comunidade, melhores resultados.
- O marketing cria cultura. Status, afiliação e pessoas como nós.
- Acima de tudo, marketing é mudança.
- Mudar a cultura é mudar o mundo.
- Profissionais de marketing geram mudanças.
- Cada um de nós é um profissional de marketing e cada um de nós tem a capacidade de fazer mais mudanças do que imaginávamos. Nossa oportunidade e nossa obrigação são fazer um marketing do qual nos orgulhamos.

Até onde chega seu girassol?

É com isso que a maioria das pessoas parece se importar. O tamanho de uma marca, quanta participação de mercado, quantos seguidores online. Muitos profissionais de marketing passam a maior parte do tempo em uma campanha de exageros, tentando parecer, nem que seja um pouquinho, maior.

A questão é que os girassóis altos têm sistemas radiculares profundos e complexos. Sem os quais nunca ficariam muito altos.

Este livro é sobre raízes. Sobre ancorar seu trabalho profundamente nos sonhos, desejos e comunidades daqueles que você procura servir. Trata-se de mudar as pessoas para melhor, criando um trabalho do qual você possa se orgulhar. É sobre ser um condutor do mercado, não simplesmente ser orientado por ele.

Podemos fazer o trabalho que importa para as pessoas que se importam. Se você for como a maioria dos meus leitores, acho que não aceitaria outra opção.

O produto não se vende sozinho

As melhores ideias não são imediatamente aceitas pela sociedade. Até mesmo o sorvete e o semáforo levaram anos para conquistar adeptos.

É assim porque as melhores ideias exigem mudanças significativas. Elas vão de encontro ao status quo, e a inércia é uma força poderosa.

Mudança envolve risco, porque sempre causa um certo alvoroço e muita desconfiança. E também porque muitas vezes queremos que os outros a façam primeiro.

Mesmo o seu trabalho mais criativo e perspicaz precisará de ajuda para encontrar as pessoas a quem deve servir. Um trabalho de sucesso conquistará o mundo porque foi projetado para isso.

O marketing não quer apenas vender sabão

Quando você faz um TED Talk, está fazendo marketing. Quando pede ao seu chefe um aumento, está fazendo marketing. Ao arrecadar dinheiro para o playground do bairro, está fazendo marketing. E sim, quando você tenta expandir o setor em que trabalha, isso também é marketing.

Durante muito tempo, na época em que o marketing e a publicidade eram a mesma coisa, o marketing era algo reservado aos vice-presidentes com um orçamento apertado.

Hoje, é para você também.

O mercado decide

Você construiu algo incrível. Precisa ganhar a vida. Seu chefe quer mais vendas. A organização sem fins lucrativos de que você gosta, aquela importante, precisa arrecadar dinheiro. Seu candidato está indo mal nas pesquisas. Você quer que seu chefe aprove o seu projeto...

Por que não está funcionando? Se criar é a questão, e se escrever, pintar e construir são tão divertidos, por que nos importamos se alguém vai encontrar, reconhecer, publicar, difundir ou comercializar o produto de nossa criação?

Marketing é o ato de fazer a mudança acontecer. Criar não basta. Só haverá impacto até que seu trabalho tenha mudado algo no mundo. Seja a cabeça do seu chefe, o sistema escolar ou a demanda pelo seu produto.

Você pode fazer isso usando o método de criar e aliviar a tensão. Estabelecendo normas culturais. Revendo os papéis de status e ajudando a mudá-los (ou mantê-los).

Mas, primeiro, você deve identificar o problema. Depois precisa trabalhar com pessoas para ajudá-las a encontrar o que procuram.

Como saber se você tem um problema de marketing

Se você não está tão ocupado quanto deveria. Se suas ideias não estão chegando a lugar algum. Se a comunidade ao seu redor não é o que poderia ser.

Se as pessoas ao seu redor não estão conseguindo alcançar tudo o que esperavam. Se o político para quem trabalha precisa de mais votos, se seu trabalho não o satisfaz, se seus clientes estão frustrados...

Resumindo: se há uma maneira de melhorar as coisas, você está diante de um problema de marketing.

A resposta para um filme

O cineasta e produtor Brian Koppelman usa a expressão "a resposta para um filme", como se um filme fosse um problema.

Mas é claro que é. Um filme precisa se conectar com o espectador (o produtor, o ator ou o diretor). Envolvê-los. Fazer com que permitam que você entre e tenha a chance de contar sua história e depois, melhor ainda, que essa história tenha um impacto.

A história contada pelo seu marketing também é um problema, assim como o filme. Ela precisa encontrar eco no coração do destinatário, dizer-lhes algo que anseiam ouvir e que estejam abertos a acreditar. Deve ser um convite para embarcar em uma jornada em que a mudança pode acontecer. E só então, se você foi capaz de abrir todas essas portas, precisa resolver o problema, cumprir a promessa.

Agora, você tem uma pergunta de marketing, e é possível que haja uma resposta. Mas é preciso procurá-la.

O marketing é uma forma de reclamação com o objetivo de melhorar o mundo

Dizem que a melhor maneira de reclamar é melhorando as coisas. Mas é difícil fazer isso se você não consegue disseminar e compartilhar suas ideias com o mundo ou se não for remunerado por esse trabalho.

O primeiro passo da jornada para melhorar as coisas é tornar as coisas melhores.

Mas o melhor não depende só de você. Não é possível criar o melhor no vácuo. O melhor é a mudança que vemos quando o mercado aceita nossa oferta. O melhor é o que acontece quando a cultura absorve nosso trabalho e melhora através dele. É tornar realidade os sonhos daqueles que servimos.

Os profissionais de marketing tornam as coisas melhores provocando mudanças.

Compartilhar a sua solução para melhorar o mundo é o que denominamos marketing, e você pode fazê-lo. Todos podemos.

Para mais informações sobre as ideias deste livro, visite www.TheMarketingSeminar.com [conteúdo em inglês]

» CAPÍTULO UM «

Sem Marketing de Massa, sem Spam, sem Passar Vergonha...

O marketing mudou, mas nossa compreensão sobre qual deve ser o próximo passo não acompanhou essa mudança. Mesmo em dúvida, gritamos de forma egocêntrica para provar nosso ponto de vista. Se nos sentimos encurralados, jogamos baixo, roubando as ideias dos concorrentes em vez de ampliar o mercado. Quando pressionados, imaginamos que todo mundo é como nós, mas só está desinformado.

A maioria de nós cresceu em um mundo de mercado de massa, onde a TV e as paradas de sucessos definiam as tendências. Como profissionais de marketing, buscamos repetir truques arcaicos que não funcionam mais.

A bússola da confiança

Mais ou menos a cada três mil anos, os polos norte e sul se invertem. Os campos magnéticos da Terra mudam.

Em nossa cultura, essa mudança acontece com mais frequência. E no mundo da transformação cultural, ela acaba de acontecer. O norte verdadeiro, o método que funciona melhor, não é mais o mesmo. Em vez de uma massificação egoísta, o marketing eficaz hoje se baseia em empatia e serviço.

Neste livro, trabalharemos juntos para resolver vários problemas relacionados: como difundir suas ideias, criar o impacto pretendido e melhorar a cultura.

Não há um mapa óbvio. Não existe uma simples série de táticas passo a passo. Mas o que posso prometer é uma bússola: um norte verdadeiro. Um método recursivo que se aprimora a cada uso.

O livro é baseado em um seminário de 100 dias que envolve não apenas aulas, mas também um coaching entre colegas durante o trabalho compartilhado. No TheMarketingSeminar.com reunimos centenas de profissionais de marketing e os desafiamos a ir além, a compartilhar sua jornada, a desafiar uns aos outros para ver o que realmente funciona.

Durante sua leitura, não hesite em voltar, repensar uma ideia, questionar uma prática existente — você pode adaptar, testar, avaliar e repetir.

O marketing é uma de nossas grandes vocações. É um trabalho de mudança positiva. É muito bom ter você nesta jornada, e espero que encontre aqui as ferramentas de que precisa.

O marketing não é uma batalha nem uma guerra, muito menos um concurso

O marketing é um ato generoso de ajudar as pessoas a resolverem seus problemas. É uma chance de mudar a cultura para melhor. Tem pouco a ver com estardalhaço, pressão ou coerção.

É uma chance de servir.

A internet é o primeiro meio de massa que não foi inventado para agradar aos profissionais de marketing. A televisão e o rádio foram concebidos em torno da ideia de transmitir ao público anúncios publicitários. Mas a internet não foi concebida para conter interrupções e atingir a massa. Ela é o meio mais abrangente, mas também o menor.

Não existe o conceito de massa e não é possível chamar a atenção gastando alguns tostões como as empresas da época de seus avós faziam. Para ser bem objetivo: a internet parece um grande e livre playground, um lugar onde todas as ideias merecem ser vistas por quase todo mundo. Na verdade, são bilhões de minúsculos sussurros, uma infinita série de conversas egoístas que raramente incluem você ou seu trabalho.

A magia dos anúncios é uma armadilha que nos impede de construir uma história útil

Por muito tempo, a maneira mais eficaz de um empreendimento comercial implementar mudanças em larga escala era simples: comprar anúncios. Eles funcionavam e eram muito baratos. Seus custos eram recompensados. Além disso, eram divertidos de fazer. Dava para comprar vários de uma vez. Eles tornavam você (ou sua marca) um pouco famoso(a). E eram confiáveis: o dinheiro gasto era revertido em vendas.

É de se admirar que, muito rapidamente, os profissionais de marketing decidissem que sua tarefa era fazer anúncios? Durante grande parte de minha vida, marketing era sinônimo de anúncios.

E, então, isso mudou.

O que significa que agora você precisará se tornar um profissional de marketing.

Ou seja, ver o que os outros veem. Criar tensão. Alinhar-se com as tribos. Criar ideias que ganhem o mundo. Significa se empenhar para trabalhar movido e em sintonia com esse mercado (ou pelo menos com sua parte nele).

Como ganhar notoriedade (exatamente a pergunta errada)

"Como ganho notoriedade?"

O especialista em SEO [*search engine optimization* ou otimização para mecanismos de busca] promete que você será encontrado pelas pessoas que estejam a sua procura.

O consultor em Facebook ensina como abordar as pessoas certas. O profissional de RP promete artigos, menções e perfis.

E Don Draper, David Ogilvy e outros publicitários aceitarão seu dinheiro em troca de anúncios. Anúncios bonitos, sensuais e eficazes. Tudo para que você conquiste a desejada notoriedade.

Mas isso não é marketing, não mais. E isso não funciona, não mais.

Falaremos sobre como se tornar conhecido. *Mas essa é a última parte, não a primeira.*

O marketing é importante o suficiente para ser feito da maneira correta, o que significa fazer outra parte primeiro.

Profissionais de marketing sem vergonha envergonharam toda a classe

Alguém que se diz profissional de marketing, mas que só se preocupa com o curto prazo e em maximizar o lucro, pode facilmente adotar uma abordagem descarada. Spam, enganação e coação. Existe alguma outra profissão que tem orgulho em agir assim?

Você não verá engenheiros civis telefonando para idosos no meio da noite para vender moedas "colecionáveis" sem valor real. Não ouvirá histórias de contadores que obtém dados dos clientes sem permissão ou de maestros que orgulhosamente publicam falsas resenhas de suas apresentações.

Essa busca despudorada por atenção em detrimento da verdade levou muitos profissionais de marketing sérios e éticos a esconder seus melhores trabalhos por se envergonharem da perspectiva de se deixar levar pelo mercado.

Isso não é legal.

O outro tipo de marketing, o eficaz, envolve compreender a visão de mundo e os desejos de nossos clientes para que possamos criar uma conexão. Ele implica tornar-se imprescindível e trazer algo além do esperado para as pessoas que confiam em nós. O marketing eficaz procura voluntários, não vítimas.

Há uma crescente onda de profissionais que utilizam o marketing porque sabem que podem melhorar as coisas. Eles estão preparados para enfrentar o mercado porque sabem que podem contribuir para a nossa cultura.

Pessoas como você.

A chave e o cadeado

Não faz sentido primeiro fazer uma chave e, depois, sair correndo em busca de um cadeado para abrir.

A única solução produtiva é encontrar um cadeado e, então, fazer uma chave.

É mais fácil criar produtos e serviços para os clientes que deseja atender do que encontrar clientes para seus produtos e serviços.

O marketing não precisa ser egoísta

Na verdade, o melhor marketing nunca é. Ele é um ato generoso de ajudar os outros a se tornarem quem almejam se tornar. Envolve a criação de histórias honestas — histórias que repercutem e se difundem.

Profissionais de marketing oferecem soluções e oportunidades para que os humanos resolvam seus problemas e sigam adiante.

E quando nossas ideias são disseminadas, mudamos a cultura. Construímos algo de que as pessoas sentiriam falta, algo que lhes dá significado, conexão e possibilidade.

O outro tipo de marketing — aquele do sensacionalismo, da fraude e da pressão — prospera no egoísmo. Sei que isso não funciona em longo prazo, e que você pode fazer melhor do que isso. Todos podemos.

Estudo de caso: Penguin Magic

O truque saiu de cena.

A Penguin Magic é o tipo de empresa para a qual a internet foi inventada.

Você pode ter crescido perto de uma loja de mágica. Ainda há uma em minha cidadezinha. Pouca iluminação, painéis de madeira falsos e quase sempre é o dono quem está atrás do balcão. Embora ele possa amar seu trabalho, certamente não teve muito sucesso.

Hoje em dia, se você se interessa por mágica, conhece a Penguin Magic. Ela não chega a ser a Amazon dos truques de mágica (porque ser a Amazon de qualquer coisa é realmente difícil). No entanto, a empresa conquistou um lugar de destaque justamente por ser muito diferente da Amazon e por compreender exatamente o que o público quer, conhece e acredita.

Primeiro, todo truque à venda no site é demonstrado em um vídeo. Esse vídeo, claro, não revela como o truque é feito, então a tensão é criada. Se quiser saber o segredo, você precisa comprar o truque.

Até hoje, seus vídeos, no site e no YouTube, foram vistos mais de um bilhão de vezes. Um bilhão de visualizações sem custo de distribuição.

Segundo, as pessoas que administram o site perceberam que mágicos profissionais raramente compram truques pois precisam apenas de 10 ou 20 truques regulares para sua apresentação. Como o público muda todas as noites, eles não se preocupam com a repetição.

Um amador, por outro lado, sempre tem o mesmo público (amigos e família) e é viciado em mudar sua apresentação.

Terceiro, todo truque é avaliado em detalhes. Não pelos babacas que aparecem no Yelp ou na Amazon, mas por outros mágicos. É um público exigente, mas que aprecia um bom trabalho. Existem mais de 82 mil avaliações de produtos no site.

Como resultado, a qualidade do estoque da Penguin gira de forma muito rápida. Os criadores veem o trabalho de seus concorrentes imediatamente, dando a eles um impulso para criar algo ainda melhor. Em vez de um ciclo de produção medido em anos, pode levar apenas um mês para que uma ideia passe de conceito a produto na Penguin. Hoje, eles oferecem mais de 16 mil itens diferentes em seu site.

Em pleno crescimento, a Penguin continua a investir na construção de conexões não apenas com a comunidade (eles têm uma lista de dezenas de milhares de clientes), mas além dela também. Eles já organizaram 300 palestras, que se tornaram TED Talks de mágica, além do trabalho de campo e da realização de quase 100 convenções ao vivo.

Quanto mais os mágicos aprendem uns com os outros, maiores são as chances de que a Penguin tenha sucesso.

Você não é um magnata fumador de charutos

Você não trabalha para uma empresa de sabão. Não é um profissional de marketing industrial obsoleto.

Então, por que está agindo como um?

Seu financiamento coletivo no Kickstarter está chegando ao fim do prazo, então, é claro, você tem uma boa desculpa para enviar spam a todos os "influenciadores" que conhece, implorando por um link em suas postagens. Mas eles o ignoram.

Você trabalha para uma empresa de marketing de conteúdo e acompanha obsessivamente quantos cliques seus artigos recebem, apesar de se envergonhar das porcarias que escreve.

Faz gráficos de quantos seguidores tem no Instagram, mesmo sabendo que todo mundo simplesmente compra seguidores.

Reduz seu preço porque as pessoas lhe dizem que suas tarifas estão muito altas, mas isso não parece ajudar.

É tudo a mesma coisa — o bom e velho egoísmo industrializado, modernizado para uma nova geração.

Sua urgência não é uma licença para roubar minha atenção. Sua insegurança não é uma permissão para pressionar a mim ou a meus amigos.

Há uma forma mais eficaz. E você é capaz de colocá-la em prática. Não é fácil, mas os passos são bem claros.

É chegada a hora

É hora de sair do carrossel das redes sociais que gira cada dia mais rápido, mas não chega a lugar algum.

Está na hora de parar de ficar pressionando e perturbando as pessoas, de usar spams e fingir que você é bem-vindo.

É hora de parar de fazer coisas medianas para pessoas medianas e esperar cobrar um preço maior por isso.

Está na hora de parar de implorar que as pessoas se tornem seus clientes e de se sentir mal ao cobrar pelo seu trabalho.

Está na hora de parar de buscar atalhos e de começar a insistir em um caminho longo e viável.

CAPÍTULO DOIS

O Profissional de Marketing Aprende a Enxergar

Em 1983, eu era um gerente de marca muito jovem e inexperiente na Spinnaker, a empresa startup de software na qual entrei depois de me formar em Administração. De repente, eu tinha milhões de dólares de orçamento, almoços extravagantes não solicitados com representantes publicitários e uma necessidade urgente: divulgar o software criado pela minha incrível equipe.

Desperdicei *todo* o dinheiro de publicidade. Os anúncios não funcionaram porque foram ignorados. Porém, de alguma forma, o software vendia.

Ao longo dos anos, lancei vários projetos e vendi produtos e serviços para empresas e pessoas físicas. Trabalhei com Jay Levinson, o pai do marketing de guerrilha, com Lester Wunderman, o padrinho da mala direta, e Bernadette Jiwa, a decana do storytelling. Minhas ideias construíram empresas bilionárias e arrecadaram quase o mesmo valor para instituições de caridade importantes.

Principalmente, a jornada envolveu perceber o que funciona e tentar compreender o que não funciona. Tem sido uma experiência contínua de tentativa e erro (principalmente erro) com projetos e organizações com as quais me importo.

E agora, tenho uma bússola para o que é o marketing hoje, sobre a condição humana e a nossa cultura. Essa abordagem é simples, mas não é fácil de adotar, porque exige paciência, empatia e respeito.

O marketing que sempre nos foi ofertado não é o marketing que você quer fazer. Os atalhos que usam o dinheiro para chamar a atenção para vender coisas medianas a pessoas medianas são um artifício antiquado, não é a abordagem que queremos agora.

É possível aprender a ver como os seres humanos sonham, decidem e agem. E se conseguir ajudá-los a se tornar melhores versões de si mesmos, quem almejam ser, você é um profissional de marketing.

O marketing em cinco passos

O **primeiro passo** é inventar uma coisa que valha a pena ser feita, com uma história que valha a pena ser contada e uma contribuição que valha a pena ser divulgada.

O **segundo passo** é projetá-la e construí-la de um modo que será particularmente benéfico e interessante para algumas pessoas.

O **terceiro passo** é contar uma história que corresponda à narrativa embutida e aos sonhos daquele diminuto grupo de pessoas, o menor mercado viável.

O **quarto passo** é aquele que empolga a todos: a divulgação.

O **último passo** é muitas vezes esquecido: estar presente — de forma regular, consistente e generosa, durante anos e anos — para organizar, liderar e construir a confiança na mudança que você busca operar. Para merecer a permissão para o acompanhamento e conquistar o engajamento para conseguir ensinar.

Como profissionais de marketing, temos que fazer sistematicamente nosso trabalho para ajudar a ideia a se difundir de pessoa para pessoa, conquistando a adesão de uma tribo conforme as mudanças acontecem.

Isso é Marketing: Um resumo executivo

As ideias que se espalham, vencem.

Os profissionais de marketing fazem a mudança acontecer: para o menor mercado viável e transmitindo mensagens antecipadas, pessoais e relevantes que as pessoas realmente querem receber.

Os profissionais de marketing não usam os consumidores para resolver o problema da empresa; eles usam o marketing para resolver os problemas de outras pessoas. Eles têm empatia para saber que aqueles a quem procuram servir não querem, não acreditam e não se importam com o mesmo que eles. E isso não vai mudar.

Nossa cultura tem como ponto central a crença no status, na nossa percepção autoconsciente de nosso papel em qualquer interação, em nosso próximo passo.

Usamos papéis de status e nossas decisões sobre afiliação e domínio para decidir aonde ir e como chegar lá.

Histórias persistentes, consistentes e frequentes direcionadas para um público alinhado ganham atenção, confiança e ação.

O marketing direto não é sinônimo de marketing de marca, mas ambos são baseados em nossa decisão de fazer a coisa certa para as pessoas certas.

"Pessoas como nós fazem este tipo de coisa" é a nossa forma de entender a cultura, e os profissionais de marketing se envolvem com essa ideia todos os dias.

As ideias se movem como em uma rampa de skate. Elas deslizam facilmente pelos adotantes iniciais, saltam sobre um precipício e depois precisam se esforçar para chegar às massas. O que nem sempre acontece.

A atenção é um recurso precioso pois nossos cérebros são expostos a um constante burburinho. Profissionais de marketing inteligentes facilitam as coisas para seu cliente, ajudando a posicionar a oferta de forma coerente e memorável.

Acima de tudo, o marketing começa (e geralmente termina) com o que e como fazemos, não com tudo que acontece após o produto ter sido criado e enviado.

Suas táticas podem fazer a diferença, mas sua estratégia — seu compromisso com um modo de ser, com uma história a ser contada e com a promessa a ser feita — pode mudar tudo.

Se quiser fazer mudanças, comece criando a cultura, organizando um grupo coeso. Comece colocando as pessoas em sincronia.

A cultura supera a estratégia — de tal modo que a cultura *é* a estratégia.

Coisas que profissionais de marketing sabem

1. Pessoas comprometidas e criativas são capazes de mudar o mundo (na verdade, são as únicas que o fazem). Você pode fazer isso agora mesmo, e pode provocar mais mudanças do que imagina.

2. Não podemos mudar a todos; portanto, perguntar, "Para quem é isso?" permite concentrar suas ações e ajudá-lo a lidar com os descrentes (em sua cabeça e no mundo exterior).

3. A melhor mudança é intencional. "Para que é isso?", é a postura de trabalho que mais importa.

4. Os seres humanos contam histórias para si mesmos, e essas histórias, no que diz respeito a cada um de nós, são totalmente verdadeiras, e é tolice tentar persuadi-los (ou a nós) de outra forma.

5. Podemos agrupar pessoas em grupos estereotipados que, frequentemente (mas nem sempre), contam histórias semelhantes a si mesmas, grupos que tomam decisões semelhantes com base no status percebido e em outras necessidades.

6. O que você diz não é, nem de longe, tão importante quanto o que os outros dizem sobre você.

➤ CAPÍTULO TRÊS ◀

O Marketing Muda as Pessoas por Meio de Histórias, Conexões e Experiência

Estudo de caso: VisionSpring — Vendendo óculos a quem precisa

Cada pessoa tem uma história em sua cabeça, uma narrativa que usa para lidar com o mundo. O impressionante é que ela muda de pessoa para pessoa.

Há alguns anos, fui com uma pequena equipe a uma vila no interior da Índia, buscando entender os desafios que a VisionSpring enfrenta em seu trabalho.

A VisionSpring é uma empresa social que trabalha no mundo todo levando óculos de grau a bilhões de pessoas que precisam.

Quando o cidadão médio vivia apenas até os 30 ou 40 anos de idade, não fazia diferença o fato de que a maioria das pessoas precisasse de óculos a partir dos 50 anos. Mas, com o aumento da expectativa de vida, cada vez mais pessoas continuam saudáveis e ativas depois dos 50 anos, mas incapazes de trabalhar — porque não conseguem mais ler ou realizar trabalhos que exijam uma boa visão de perto. Caso seja tecelão, joalheiro, ou até mesmo enfermeiro, trabalhar sem óculos pode ser uma tarefa impossível.

A estratégia da VisionSpring é produzir óculos atraentes em grandes quantidades a um custo muito baixo, cerca de US$2 cada. E então, trabalhando com vendedores ambulantes locais, levar esses óculos até pequenos vilarejos ao redor do mundo, onde serão vendidos por cerca de US$3 cada.

A diferença de US$1 entre o custo de fabricação e o preço de venda é o suficiente para pagar pelo frete, pela mão de obra local e para que a organização continue crescendo.

Quando montamos nossa bancada para atendimento no vilarejo, muitas pessoas se aproximaram para ver o que estava acontecendo. Era um início de tarde muito quente e não havia muito o que fazer.

Os homens usavam uniformes de trabalho comuns na Índia, com bordados e bolso na frente. Dava para ver através do tecido transparente que quase todos carregavam rúpias nos bolsos.

Então, naquele ponto eu sabia de três coisas:

1. Com base na idade, muitas daquelas pessoas precisavam de óculos; é uma simples questão biológica.

2. Muitos deles não estavam usando ou carregando óculos, então provavelmente não possuíam um par.

3. E a maioria das pessoas transitando pelo local tinha alguns trocados no bolso. Embora os óculos ainda pudessem ser caros para quem ganha apenas US$3 por dia, o preço era acessível para todos.

Cada um que se aproximava de nossa bancada improvisada recebia uma folha plastificada com um teste oftalmológico. O teste fora desenvolvido para funcionar independentemente do idioma falado e até com pessoas que não saibam ler.

Em seguida, a pessoa recebia um par de óculos de amostra e fazia o teste novamente. Instantaneamente, ela começava a ver perfeitamente. Essa é a mágica dos óculos. Eles não envolvem um tipo de tecnologia desconhecida ou que possa gerar desconfiança nesses homens e mulheres.

Depois disso, os óculos de amostra eram removidos e separados, e o cliente recebia um espelho em que poderia escolher dentre dez estilos diferentes de armação. Todos os pares eram novinhos em folha, embalados em saquinhos plásticos. Cerca de um terço das pessoas que vieram até a bancada e precisavam de óculos, compraram um par.

Um terço.

Isso me intrigou.

Fiquei espantado com o fato de 65% das pessoas que precisavam de óculos, e agora sabiam dessa necessidade, com dinheiro para comprá-los, simplesmente iam embora.

Tentando me colocar no lugar delas, não conseguia me imaginar fazendo essa escolha. A oferta acabaria dentro de uma hora, o preço era incrível e a tecnologia era confiável. O que estávamos fazendo de errado?

Fiquei uma hora sentado sob o sol, pensando muito sobre esse problema. Parecia que todo meu trabalho como profissional de marketing havia me conduzido até aquele momento.

Então, mudei apenas uma coisa em todo o processo.

Uma coisa que *dobrou* a porcentagem de óculos vendidos.

O que eu fiz? Tirei todos os óculos da bancada.

Para as demais pessoas que aguardavam na fila, depois de experimentarem os óculos de amostra, apenas dizíamos: "Estes são seus novos óculos. Se eles funcionarem bem e você gostar deles, por favor, nos pague US$3. Se não os quiser, basta devolvê-los."

E pronto.

Mudamos a história de "Aqui está uma oportunidade de fazer compras, de ficar com um visual legal, de recuperar a visão, de aproveitar o processo, de se sentir dono da situação" para "Quer devolver ou quer pagar para ficar com os óculos que já estão funcionando bem para você?"

O desejo pelo ganho versus aversão à perda.

Quando se vive em extrema pobreza, é difícil imaginar o prazer que as pessoas mais afortunadas experimentam ao fazer compras, aquela emoção de comprar algo que nunca comprou antes.

Ir às compras é correr um risco. Arriscamos tempo e dinheiro procurando algo que pode ser ótimo. E somos capazes de correr esse risco porque estar errado não mata. Estar errado não custa o jantar ou um check-up no médico.

E se estivermos errados, não só viveremos para contar como também voltaremos às compras no dia seguinte.

Por outro lado, com a percepção de que talvez os outros não pensassem a respeito de uma compra da mesma forma que eu, ou os oftalmologistas ocidentais pensam, vi as coisas de maneira diferente. Talvez as pessoas que estávamos tentando servir entendiam a compra de algo novo como uma ameaça, não como uma atividade divertida.

A maioria dos adolescentes em um típico shopping se irritaria com a ideia de não poder experimentar todos os modelos, seria como se lhes tirássemos o poder de escolha.

Muitos de nós não aceitaria um par de óculos usados; queremos sempre algo novo e especial. Mesmo que "usado" significasse simplesmente que alguém já o experimentou. Mas não ajuda em nada imaginar que todo mundo sabe, quer ou acredita nas mesmas coisas que você.

Minha narrativa sobre como deve ser a compra de um par de óculos não é melhor ou pior do que a da pessoa na fila. A minha narrativa é somente minha e, se não está funcionando, é arrogância insistir nela.

A forma de melhorar as coisas é nos importar o suficiente com aqueles a quem servimos de modo que possamos imaginar a história que *eles* precisam ouvir. Precisamos ser generosos o suficiente para compartilhar essa história, para que possam se orgulhar de suas decisões.

Você precisa mesmo de um SUV?

A maioria das pessoas que está lendo este livro não comercializa carros, mas já deve ter comprado um.

A questão é: por que você comprou o modelo que comprou?

Por que as pessoas que nunca dirigirão em terrenos mais difíceis compram um Toyota Land Cruiser de R$300 mil?

Por que pagar a mais pelo Modo Ludicrous em um Tesla se você não espera (ou precisa) ir de 0 a 100km/h em menos de 3 segundos?

Por que colocar um aparelho de som de R$3 mil no seu carro se você só ouve música em seu rádio relógio de R$50 em casa?

Ainda mais intrigante: a cor mais popular para carros varia de acordo com o tipo de carro que está sendo comprado.

Se não estamos dispostos a considerar a utilidade como o principal motivador de nossas decisões ao comprar um veículo de R$100 mil, quais são as chances de a levarmos em conta ao comprar um frasco de perfume ou até mesmo um chiclete?

O marketing não é uma corrida para adicionar mais recursos por menos dinheiro. Ele é nossa busca por mudanças em nome daqueles a quem servimos, e fazemos isso considerando as forças irracionais que movem cada um de nós.

A teoria da broca de 6mm

Segundo Theodore Levitt, professor de marketing em Harvard: "As pessoas não querem comprar uma broca de 6mm. Elas querem um buraco de 6mm."

A lição que fica é que a broca é apenas um detalhe, um meio para um fim, mas o que as pessoas realmente querem é o tipo de buraco que ela faz.

Mas é mais do que isso. Ninguém quer o buraco em si. O que as pessoas querem é a prateleira que será pendurada na parede.

Na verdade, o que elas querem é a sensação que terão quando perceberem como tudo ficará organizado ao colocarem suas coisas na prateleira instalada na parede, depois de fazerem um buraco de 6mm.

E tem mais... Elas também querem a satisfação de saber que fizeram isso sozinhas.

Ou, talvez, o aumento de status que desfrutarão quando seus parceiros admirarem seu trabalho. Ou, ainda, a paz de espírito de saberem que o quarto não está mais bagunçado e a sensação de segurança e ordem que isso proporciona.

"As pessoas não querem comprar uma broca de 6mm. Elas querem se sentir seguras e respeitadas."

Bingo!

As pessoas não querem o que você faz

Elas querem aquilo que seu produto fará por elas. Elas querem a sensação que ele causará. E não há muitas sensações para escolher.

Em essência, a maioria dos profissionais de marketing oferece as mesmas sensações. Fazemos isso de maneiras diferentes, com diferentes serviços, produtos e histórias. E o fazemos para pessoas diferentes em momentos diferentes.

Se você for capaz de proporcionar sentimento de pertencimento, de conexão, de paz de espírito, de status ou de alguma outra das emoções mais desejadas, seu trabalho valeu a pena. O que está vendendo é simplesmente um caminho para alcançar essas emoções e decepcionamos os outros quando nos concentramos em táticas em vez de resultados. Para quem é e para o que é são as duas perguntas que devem guiar todas nossas decisões.

Histórias, conexões e experiências

A boa notícia é que não precisamos contar com o atalho mais brilhante e mais rápido de mídia digital — temos ferramentas ainda mais poderosas, aperfeiçoadas e atemporais à nossa disposição.

Nós contamos histórias. Histórias que repercutem e se sustentam ao longo do tempo. Histórias verdadeiras, porque as tornamos verdadeiras com nossas ações, produtos e serviços.

Nós fazemos conexões. Os seres humanos são solitários, e querem ser vistos e conhecidos. As pessoas querem fazer parte de alguma coisa. É mais seguro assim, e geralmente mais divertido.

Nós criamos experiências. Usar um produto, interagir com um serviço, fazer uma doação, ir a um comício, ligar para o atendimento ao cliente. Cada uma dessas ações faz parte da história; cada uma constrói um pouco de nossa conexão. Como profissionais de marketing, somos capazes de intencionalmente oferecer essas experiências, criá-las com propósito.

A organização inteira trabalha junto com o profissional de marketing, porque o marketing envolve tudo. O que fazemos, como fazemos, para quem fazemos. São as reações e os efeitos colaterais, o preço e o lucro, tudo de uma só vez.

Impulsionado pelo mercado: Quem está no controle?

Toda organização — todo projeto — é influenciado por uma força motriz primária.

Há restaurantes cuja essência é o chef. O Vale do Silício costuma ser voltado para a tecnologia. Empresas de investimento em Nova York são movidas por dinheiro, focadas no valor das ações ou na mais recente manipulação financeira.

A força motriz, seja qual for, é a voz que se sobrepõe às demais, e a pessoa com essa voz é a que se senta na cabeceira da mesa.

Muitas vezes, as organizações têm o marketing como força motriz. Elas são astutas, focadas na oferta, no brilho superficial, na capacidade de extrair uns trocados a mais.

E não tenho a intenção aqui de ajudá-lo a se tornar impulsionado pelo marketing, porque é um beco sem saída.

A alternativa é ser *impulsionado pelo mercado* — ouvir o mercado e, mais importante ainda, influenciá-lo, orientá-lo, torná-lo melhor.

Quando você é impulsionado pelo marketing, sua preocupação é a última brecha de leads nos dados do Facebook, o design de seu novo logotipo e seu modelo de precificação para o Canadá. Por outro lado, quando você é guiado pelo mercado, se concentra nas esperanças e nos sonhos de seus clientes e amigos. Você escuta suas frustrações e investe na mudança da cultura.

As decisões orientadas pelo mercado são duradouras.

O mito da escolha racional

A microeconomia é baseada em uma afirmação comprovadamente falaciosa: "Supõe-se que o agente racional leva em conta as informações disponíveis, as probabilidades de eventos e os potenciais custos e benefícios para determinar preferências e agir consistentemente na escolha da melhor opção de ação autodeterminada", diz a Wikipédia.

Claro que não.

Talvez, se calcularmos a média em um grupo grande o suficiente de pessoas, é possível que, em alguns aspectos, possamos ter vislumbres desse comportamento; mas não é nisso que eu gostaria que você apostasse.

Na verdade, uma aposta melhor seria: "Quando em dúvida, suponha que as pessoas agirão de acordo com seus atuais impulsos irracionais, ignorando informações que vão contra suas crenças, negociando benefícios de longo prazo em troca dos de curto prazo e, acima de tudo, sendo influenciadas pela cultura com a qual se identificam."

Aqui você pode cometer dois erros:

1. Presumir que as pessoas a quem busca servir são bem informadas, racionais, independentes e tomam decisões de longo prazo.

2. Imaginar que todos são como você, que sabem e querem o mesmo que você.

Eu não sou racional e você também não.

⯈ CAPÍTULO QUATRO ⯇

O Menor Mercado Viável

Quais mudanças você está tentando fazer?

É uma pergunta simples, mas cheia de significado, porque implica que você é responsável. Você é um agente com intenção, um agente de mudança, um ser humano trabalhando arduamente para mudar outros seres humanos.

Esse pode ser o seu trabalho, sua paixão e, se tiver sorte, pode ser as duas coisas.

A mudança pode ser trivial ("Estou tentando fazer com que a fatia de mercado do sabão em pó da marca OZO aumente 1%, e para fazer isso, preciso fazer alguns usuários de Clorox mudarem para OZO") ou pode ser profunda ("Estou tentando ajudar os 12 alunos de meu programa de ensino extracurricular a perceberem que eles têm mais potencial e habilidade do que o mundo os leva a crer").

Talvez seja "Vou transformar todos os votos brancos e nulos em válidos" ou "Quero que as pessoas mudem seu foco da eterna busca por dominância para o engajamento em afiliação".

Independentemente de quais sejam os detalhes, sendo você um profissional de marketing, seu negócio é fazer a mudança acontecer. Negar isso é uma forma de se esconder; assumir essa faceta é mais produtivo.

Impedimento 1: É tentador escolher uma mudança grandiosa e quase impossível: "Busco mudar a cara da educação musical e torná-la uma prioridade máxima em todo o país". Claro, isso é ótimo, mas nunca foi feito antes, não por uma pessoa com seus recursos. Sou um grande fã de jogadas que mudam o cenário. Adoro as histórias inspiradoras de pessoas que venceram todos os empecilhos e mudaram tudo.

Mas...

É um fardo pesado, assim como uma desculpa conveniente em momentos de desespero. Não é de se estranhar que você esteja empacado — você quer fazer o impossível.

Pode fazer mais sentido começar com um obstáculo que você consiga superar. Talvez faça sentido ser muito específico sobre a mudança que quer fazer, e torná-la real. Então, a partir desse sucesso, você poderá replicar o processo em desafios cada vez maiores.

Impedimento 2: Você quer defender o que já está fazendo, o que significa vender as coisas que lhe designaram para vender. Então você faz a engenharia reversa de uma "mudança" que combina com aquela coisa e a carrega com palavras que não significam nada para ninguém. Veja um exemplo que encontrei: "Ativação e engajamento com o novo filme de suspense da TNT que faz uma metadeclaração sobre a identidade do espectador."

Sério?

Por outro lado, aqui temos um exemplo da By the Way Bakery, fundada pela minha esposa, a maior padaria sem glúten do mundo. A mudança que fizeram? "Queremos garantir que ninguém fique de fora. Ao oferecer às pessoas deliciosos produtos sem glúten, sem laticínios e kosher, fazemos com que a comunidade inteira participe de ocasiões familiares especiais. Transformamos os anfitriões de exclusivos em inclusivos, e os convidados de excluídos em integrados."

O que você está prometendo?

Quando o profissional de marketing transmite sua mensagem (em qualquer meio), a promessa é sempre sua forma preferida: "Se você fizer X, receberá Y." Essa promessa muitas vezes está implícita. Pode ser acidentalmente deixada de fora ou intencionalmente camuflada, mas todo marketing eficaz faz uma promessa.

Promessa não é sinônimo de garantia. Seria mais algo como: "Se aceitar minha oferta, descobrirá que..."

E assim podemos convidar as pessoas para o nosso clube de jazz para desfrutar de mais do que uma noite agradável. Ou prometer que nossas gravações o farão mergulhar em uma jornada espiritual. Ou que o nosso tipo especial de queijo o levará por uma viagem pela antiga Itália... Não estamos falando de slogans aqui, mas esses slogans dão uma ideia do tipo de promessa a que me refiro.

"Eles riram quando me sentei ao piano... mas quando comecei a tocar..." é uma promessa sobre status.

"Pra cima deles!" é uma promessa sobre domínio.

"Mães exigentes escolhem Jif," é uma promessa sobre status e respeito.

"Juro lealdade..." é uma promessa sobre pertencimento.

"A Terra precisa de um bom advogado" é uma promessa sobre afiliação e justiça.

Sua promessa está diretamente ligada à mudança que procura fazer, e é dirigida àqueles a quem você pretende mudar.

Quem você pretende mudar?

Assim que se perguntar sobre a mudança que deseja fazer, ficará bem claro que você não tem chances de mudar *todo mundo*. Todo mundo é muita gente. Todo mundo é um grupo muito diversificado, muito grande e indiferente demais para que você consiga implementar a mudança.

Então, o certo é mudar *alguém*. Ou, talvez, um grupo de "alguéns".

Mas quem são eles?

Não nos importamos se todos se parecem iguais, mas seria muito útil ter alguma forma de agrupá-los. Eles compartilham alguma crença? Uma localização geográfica? Os dados demográficos ou, mais provavelmente, perfis psicográficos?

Você consegue distingui-los em meio a uma multidão? O que os torna diferentes de todos os outros e semelhantes entre si?

Ao longo deste livro, retornaremos a essa questão essencial: "Para quem é?" Ela possui um poder sutil, porém mágico, a habilidade de mudar seu produto, a história que você conta e onde a conta. Assim que tiver uma resposta clara à questão "para quem é", as portas começarão a se abrir para você.

Aqui temos um exemplo simples. Tanto a Dunkin' Donuts quanto a Starbucks vendem café. Mas nas duas primeiras décadas de sua existência, a Starbucks não tentou vender café para as pessoas que compravam na Dunkin', e vice-versa.

Embora existam sugestões externas sobre os dois grupos (em Boston, você encontraria mais motoristas de táxi e trabalhadores de construção em um Dunkin' Donuts típico do que em uma Starbucks), a distinção real não era externa, mas interna. A Starbucks passou a servir às pessoas um conjunto muito preciso de crenças sobre café, tempo, dinheiro, comunidade, oportunidade e sofisticação — e, ao ficar obcecada com esse grupo de "alguéns", a Starbucks construiu uma marca duradoura.

Cosmovisão e personas

Mas *qual* mercado?

Quais pessoas?

Se tiver de escolher mil pessoas para serem seus verdadeiros fãs, quem você deve escolher?

Comece escolhendo pessoas com base no que elas sonham, acreditam e desejam, não em sua aparência. Em outras palavras, use perfis psicográficos em vez de dados demográficos.

Assim, da mesma forma que é possível agrupar pessoas pela cor dos olhos ou pelo comprimento de seus dedos anulares, você pode agrupá-las com base nas histórias que elas mesmas contam. O linguista cognitivo George Lakoff chama esses agrupamentos de *cosmovisões*.

Uma cosmovisão é o atalho, a lente que cada um de nós usa ao ver o mundo. São nossas suposições, preconceitos e estereótipos sobre o mundo ao nosso redor. Os espectadores leais da Fox News têm uma cosmovisão. O mesmo ocorre com as pessoas que aparecem na sessão da meia-noite do filme *The Rocky Horror Picture Show*. Todos merecem ser tratados como indivíduos, com dignidade e respeito pelas suas escolhas. Mas, como profissionais de marketing, precisamos partir de uma cosmovisão e convidar aqueles que a compartilham a se juntar a nós. "Eu fiz isso" é uma afirmação muito diferente de "O que você quer?"

Podemos fazer boas suposições sobre como alguém reagirá ou responderá a uma notícia ou a uma obra de arte se tivermos evidências sobre sua cosmovisão.

Quando Ron Johnson foi contratado como CEO da JCPenney em 2011, um de seus primeiros atos foi acabar com os constantes descontos e liquidações que a loja oferecia a seus clientes. Johnson fez isso com base em *sua* cosmovisão, em sua interpretação do que é varejo. Ele não achava possível que um varejista de qualidade, uma loja em que ele gostaria de fazer compras, estivesse constantemente oferecendo liquidações, cupons e descontos, e por isso tentou transformar a JCPenney no *seu* tipo de loja. Como resultado, as vendas despencaram em mais de 50%.

Vindo de uma posição de vice-presidente sênior de operações de varejo na Apple, Johnson via o mundo do varejo através das lentes da elegância e do respeito mútuo em um ambiente tranquilo. Ele era um comprador de artigos de luxo e gostava de vender artigos de luxo também. Como resultado de sua cosmovisão, ele abandonou os verdadeiros fãs da Penney: pessoas que amavam a dinâmica da barganha. Ou da urgência. Pessoas cujas cosmovisões diferiam da dele. Os clientes da rede de lojas participavam de um jogo em que se sentiam vencedores.

Sim, estamos estereotipando — exagerando intencionalmente as atitudes e crenças das pessoas para melhor atendê-las.

Um atalho conveniente neste exercício é identificar as diferentes personas que podemos encontrar. Temos o Pedro Pechincha, para quem fazer compras é um esporte que envolve lutar contra sua narrativa sobre dinheiro. E temos o Raul Rapidinho, que está sempre procurando um atalho e raramente está disposto a esperar na fila, ler as instruções ou pensar bem nelas, pelo menos não quando está viajando a negócios. Ao lado dele na fila, no entanto, está a Carla Cuidadosa, que desconfia do motorista de táxi, tem certeza de que vai ser roubada pelo recepcionista e nunca consome itens do minibar do hotel.

Todo mundo tem um problema, um desejo e uma narrativa. Quem você pretende servir?

Forçando um foco

Buscar incansavelmente conquistar a massa o tornará entediante, porque a massa significa média, o centro da curva, ela exige ofender ninguém e satisfazer a todos. Isso levará a concessões e generalizações. Em vez disso, comece com o *menor mercado viável*. Qual o número mínimo de pessoas que você precisaria influenciar para compensar o esforço?

Se pudesse mudar apenas 30 pessoas, ou 3 mil, é melhor ser seletivo sobre quem elas são. Quando se está limitado em escala, é preferível concentrar sua energia na composição do mercado.

Quando o Union Square Cafe abriu em Nova York, seu fundador, Danny Meyer, sabia que só podia atender a 600 pessoas por dia. Esse era o máximo de pessoas que o salão conseguia servir. E se você só é capaz de atender a 600 pessoas, a melhor maneira de começar é escolhendo *quais*. Escolha pessoas que queiram o que você está oferecendo, as mais abertas a ouvir sua mensagem, as que contarão às pessoas certas... A magia do Union Square Cafe não era uma questão de localização (ficava em um bairro ruim quando abriu) ou de um chef famoso (eles não tinham um). Não, a magia estava na coragem necessária para escolher cuidadosamente os clientes. Escolha as pessoas que você atende, escolha seu futuro.

O menor mercado viável é o foco que, irônica e deliciosamente, leva ao seu crescimento.

Específico é um tipo de bravura

Específico significa responsável.

Funcionou ou não.

Combinou ou não.

Espalhou-se ou não.

Você está se escondendo atrás de *todos* ou de *alguém*?

Servir a todos é impossível, o que é reconfortante, já que é menos provável que fique desapontado quando isso não acontecer.

Mas e se você se comprometesse com o menor público viável?

E se fosse específico sobre quem pretende servir e precisamente que mudança está tentando fazer?

Organize seu projeto, sua vida e sua organização em torno do mínimo. Qual é o menor mercado em que é capaz de sobreviver?

Depois de identificar a escala, encontre um espaço do mercado que implora a sua atenção. E leve-o além. Encontre uma posição no mapa em que você, e somente você, seja a resposta perfeita. Atenda a todos os anseios, sonhos e desejos deste grupo com seu cuidado, atenção e foco, faça a mudança acontecer. Uma mudança tão profunda que as pessoas não consigam deixar de falar sobre ela.

O empreendedorismo enxuto é construído em torno da ideia do produto mínimo viável. Descubra a versão mais simples e útil do seu produto, participe do mercado e, em seguida, melhore e repita.

O que as pessoas não atentam nessa ideia é a palavra *viável*. Nem pense em lançar porcarias. Não ajuda nada lançar algo que ainda não funciona.

Ao combinar essas ideias, somos capazes de ser realistas e agir rapidamente. A nossa abordagem ágil ao mercado, combinada com um foco incontestável nas pessoas que desejamos servir, significa uma maior probabilidade de bons resultados.

O empreendedor e pioneiro do Vale do Silício, Steve Blank, introduziu o foco no cliente como o único projeto de uma startup. O desenvolvimento do cliente é o ato de obter tração no mercado, adequar o que você faz ao que eles querem. Essa tração vale muito mais do que uma tecnologia sofisticada ou um marketing caro. Isso, e apenas isso, separa os projetos bem-sucedidos dos que fracassam. Existem pessoas no mundo que queiram tanto que você tenha sucesso que estejam dispostas a pagar para que você produza a mudança que pretende?

Tudo fica mais fácil quando você se afasta da arrogância do *todos*. Seu trabalho não é para todos, é apenas para aqueles que queiram embarcar na jornada.

Evite os descrentes!

Somos todos cercados por um filtro bolha. É fácil nos cercarmos apenas de notícias com as quais concordamos. Podemos viver acreditando que todos compartilham da nossa cosmovisão, que acreditam e querem o mesmo que nós.

Até começarmos a vender para as massas.

Quando procuramos servir o maior público possível, esse público nos rejeita. O coro de "não" se tornará ensurdecedor. E o feedback pode ser direto, pessoal e específico.

E diante de tanta rejeição, o mais fácil é aparar as arestas e se adaptar. É se encaixar. Encaixar-se até desaparecer.

Resista.

Não é para eles.

É para o menor público viável, o pessoal que você originalmente decidiu servir.

Onde fica o amor?

O jornalista precursor de tecnologia, Clay Shirky, entendeu como o software orientado pela comunidade muda tudo: "Nós vivemos em um mundo onde as pequenas coisas são feitas por amor e as grandes, por dinheiro. Hoje temos a Wikipédia. E de repente, passa a ser possível fazer grandes coisas através do amor."

Mas isso não se resume a um modelo de site.

O objetivo de buscar o menor público viável é encontrar pessoas que o entendam e se apaixonem pelo que você deseja proporcioná-las.

Amar você é a maneira de elas se expressarem. Tornar-se parte do seu movimento é a expressão de quem elas são.

Esse amor leva à tração, ao engajamento e à propagação. O amor se torna parte da identidade do público, uma chance de fazer algo que parece certo, de se expressar através de suas contribuições, de suas ações e das causas que defendem.

Não espere que todos se sintam assim, mas trabalhe para servir as pessoas que o fazem.

"O vencedor leva tudo" raramente é verdade

Mesmo em uma democracia, uma situação em que o segundo lugar raramente vale a pena, a ideia de "todos" é um erro.

Conversando com dois organizadores de campanha de membros do congresso percebi que o foco deles era transmitir a mensagem para todos, conectar-se com todos, levar todos às urnas.

Fiz uma pequena pesquisa e descobri que, na última eleição daquele distrito, apenas 20 mil pessoas votaram, o que significa que, em uma disputa acirrada, convencer 5 mil pessoas a irem às urnas seria a diferença entre ganhar e perder. O distrito tem 724 mil habitantes; 5 mil pessoas são menos que 1% disso.

Há uma diferença muito grande entre 5 mil e "todos". E para o seu trabalho, 5 mil "pessoas certas" podem ser mais do que o suficiente.

Uma simples transformação de uma palavra

Agora que você entende que o seu trabalho é fazer mudanças, e que é possível fazer isso identificando quem você pretende mudar, conquistando aderência e ensinando o caminho para essa mudança, vamos transformar a forma de descrever aqueles a quem está mudando.

Talvez, em vez de falar sobre prospectos e clientes, possamos chamá-los de seus "alunos".

Onde estão seus alunos?

Qual será o benefício que extrairão do aprendizado?

Eles estão abertos a aprender?

O que eles dirão aos outros?

Essa não é a relação aluno-professor de testes e busca pela conformidade. E também não é a dinâmica de poder do sexismo ou do racismo. É a relação aluno-mentor de aderência, escolha e cuidado.

Se você tivesse a chance de nos ensinar, o que aprenderíamos?

Se tivesse a chance, o que você gostaria de aprender?

Pintar o oceano de roxo

Há uma pegadinha perigosa que usa um corante antifurto. Esse corante, vendido em pó, é brilhante e muito potente. Uma vez que o pó entra em contato com a umidade em sua pele, floresce em um roxo brilhante, e não é facilmente lavado.

Coloque uma colher de chá dele em uma piscina, e toda a água da piscina adquirirá permanentemente um tom roxo brilhante. Mas se você colocar no oceano, ninguém vai notar.

Quando você procura compartilhar seu melhor trabalho — sua melhor história, sua oportunidade de implementar a mudança — as chances aumentam se ele for mais fácil de se propagar. E também se for permanente. E mesmo que seja algo extraordinário, não fará diferença se você lançá-lo em um oceano.

Isso não significa que deva perder a esperança.

Significa que você deve esquecer o oceano e procurar uma grande piscina.

Isso é o suficiente para fazer a diferença. Comece por aí, com um foco obsessivo. Depois que funcionar, encontre outra piscina. Melhor ainda, deixe que seus melhores clientes propaguem a ideia.

"Não é para você"

Não devemos dizer esse tipo de coisa. Certamente não deveríamos *querer* dizer algo assim.

Mas é preciso.

"Não é para você" mostra a capacidade de respeitar alguém o suficiente para não desperdiçar seu tempo, tentar agradá-lo ou insistir que mude suas crenças. Isso mostra respeito por aqueles a quem pretende servir. Quando você diz: "Eu fiz isso para você. Não foi para os outros, foi para *você*."

São os dois lados da mesma moeda.

É a liberdade de ignorar os críticos que não entendem a piada, o privilégio de refinar sua história para aqueles que mais precisam ouvi-la... É aqui que você encontrará um trabalho do qual pode se orgulhar.

Porque não importa o que as pessoas que você não deseja servir pensam. O que importa é conseguir mudar as pessoas que confiam em você, que se conectaram com você, aquelas a quem pretende servir.

Sabemos que todos os livros best-sellers da Amazon têm pelo menos algumas resenhas de uma estrela. É impossível criar um trabalho relevante *e* que agrade a todos.

O dilema do comediante

Um grande comediante contemporâneo foi contratado para um show em Nova York. Mas seu agente não estava prestando atenção.

Ele chegou ao clube; estava de bom humor. Trouxe consigo seu melhor material. Estava no palco, fazendo seu melhor, mas ninguém estava rindo.

Nem um pio.

Foi um fracasso.

Depois do show, ele se martirizou, pensando até em abandonar a carreira.

Então, ele descobriu que o público era formado por um grupo de turistas italianos e nenhum deles entendia inglês.

"Não é para você."

É perfeitamente possível que o seu trabalho não seja tão bom quanto deveria ser. Mas também é possível que você não tenha sido claro sobre quem era o público-alvo, em primeiro lugar.

A promessa do marketing simples

Eis um modelo, uma promessa de marketing de três frases que você pode usar:

Meu produto é para pessoas que acreditam que _____.

Focarei as pessoas que querem _____.

Prometo que o engajamento com meu trabalho ajudará você a conseguir _____.

E você pensou que seu trabalho era apenas vender sabão.

Estudo de caso: Projeto Open Heart

Susan Piver era uma respeitada professora de meditação. Ela escreveu um livro que entrou na célebre lista de best-sellers do *New York Times*, e suas aulas eram movimentadas. Susan, como muitos antes dela, possuía um local para suas atividades e um pequeno número de seguidores.

Porém, após organizar um retiro de meditação, ela percebeu que as pessoas de fora da cidade sempre lhe perguntavam: "Como podemos encontrar um professor local com quem continuar nossa prática?"

Para atender a essa necessidade, Susan decidiu construir um centro de meditação online, uma *sangha*.

Alguns anos depois, a *sangha* tem mais de 20 mil membros. A maioria deles recebe atualizações periódicas e aulas em vídeo, e não paga nada pelas interações. Alguns, os mais profundamente conectados, pagam uma taxa de inscrição e interagem com sua professora (e entre si) com frequência diária.

Como ela chegou a 20 mil? Não foi de uma só vez, mas em milhares de pequenas investidas.

Depois de apenas alguns anos, esse pequeno projeto tornou-se a maior comunidade de meditação do mundo. Com apenas um funcionário em tempo integral, ele conecta e inspira milhares de pessoas.

Existem inúmeros instrutores de meditação nos Estados Unidos, todos com acesso a um notebook conectado ao mundo como o de Susan. Como o Open Heart Project causou tanto impacto?

1. Comece pela empatia de ver uma necessidade real. Não uma inventada. A pergunta não é "Como posso começar um negócio?", mas sim, "O que importa aqui?"

2. Foque o menor mercado viável: "Como poucas pessoas poderiam achar isso indispensável e ainda assim valer a pena fazer?"

3. Combine a cosmovisão das pessoas que estão sendo servidas. Ofereça ao mundo uma história que ele quer ouvir, contada em uma língua que ele entenderá.

4. Facilite a divulgação. Se cada membro trouxer mais um membro, dentro de alguns anos, você terá mais membros do que consegue contar.

5. Ganhe e retenha a atenção e a confiança daqueles a quem você serve.

6. Ofereça maneiras de ir mais fundo. Em vez de procurar membros para o seu serviço, procure maneiras de trabalhar para seus membros.

7. A cada passo do caminho, crie e alivie a tensão à medida que as pessoas progridem em suas jornadas em direção aos seus objetivos.

8. Esteja sempre disponível. Faça isso com humildade, e concentre-se nas partes que funcionam.

» CAPÍTULO CINCO «

Em Busca do "Melhor"

O site do Beer Advocate lista 250 cervejas que receberam mais de 3.400 avaliações cada. Toda cerveja tem seu fã. Nos Estados Unidos deve haver milhares de cervejas que sejam as favoritas de alguém.

E por que isso acontece? Porque gosto é importante. E nesse aspecto, todo mundo que não concorde com você está errado.

Quando um profissional de marketing anuncia: "Esse é melhor", ele está errado.

Na verdade, ele quer dizer: "Esse é melhor para alguém e pode ser melhor para você."

A empatia é o coração do marketing

As pessoas não compartilham de suas crenças.

Elas não sabem o que você sabe.

Não querem o mesmo que você.

É a verdade, mas preferimos não aceitar.

Sonder[1] *significa o momento em que você percebe que todos ao seu redor têm uma vida interna tão rica e conflituosa quanto a sua.*

Hoje, as pessoas vivem com um turbilhão de coisas acontecendo em suas cabeças.

Cada uma delas pensa que está certa e que já sofreu afrontas e desrespeito por parte das outras pessoas.

Todas sentem medo, mas também percebem o quanto têm sorte. São impulsionadas a melhorar as coisas, se conectar e contribuir. Querem algo que não podem ter, e que se pudessem, descobririam que, na verdade, não queriam.

Todo mundo é solitário, inseguro e encena uma pequena farsa. E todo mundo se importa com alguma coisa.

Como profissionais de marketing, então, temos poucas chances de fazer marketing para os outros, de insistir que participem do nosso programa, que percebam o quanto trabalhamos, o turbilhão que acontece em nossas cabeças e a importância de nossa causa...

No entanto, é muito mais produtivo simplesmente juntar-se a eles.

---

1 N. R.: Recentemente, John Koenig, criador do site e canal do YouTube, *The Dictionary of Obscures Sorrows*, um compêndio de palavras inventadas que descrevem emoções que todos nós experimentamos, mas para as quais ainda não se tem um nome, criou o termo em inglês *sonder*, que em pouco tempo ganhou incrível notoriedade nos Estados Unidos.

Uma barganha de um milhão de dólares

Pense no drama de uma mulher que trabalha arrecadando fundos para obras de caridade. A intenção é levantar US$1 milhão para pagar um novo prédio. Toda vez que ela se reúne com uma fundação ou um filantropo e uma objeção é levantada, ela diz para si mesma: "Você está certa, essa é uma quantia absurda. Eu nunca daria US$1 milhão para caridade — mal consigo pagar meu aluguel."

E assim, a doação não é feita.

A empatia muda essa dinâmica, porque não é ela quem deve doar, é o doador.

É o doador que diz para si mesmo: "Essa doação de US$1 milhão é uma barganha. Receberei de volta, no mínimo, US$2 milhões na forma de alegria, status e satisfação com essa decisão." E tudo bem. É assim que a escolha funciona.

Tudo o que compramos — cada investimento, cada bugiganga, cada experiência — é uma barganha. É por isso que compramos; porque vale mais do que o preço que pagamos. Caso contrário, não compraríamos.

O que significa que, lembrando da pobre moça tentando arrecadar fundos para a caridade, se você não está disposto a ter empatia pela narrativa da pessoa que procura servir, não está sendo honesto.

Está sendo desonesto por reter uma opção valiosa, está impedindo alguém de entender o quanto se beneficiará com o que você criou... um benefício tão significativo que é uma barganha.

Se as pessoas entenderem o que está sendo oferecido e escolherem não comprar, então não é para eles. Hoje não, não a esse preço, não com essa estrutura. Tudo bem também.

Pensando no "melhor"

É tentador decidir que há uma relação transitória em que A > B > C. Isso funciona, por exemplo, com o comprimento. Uma régua é mais longa do que um polegar e um polegar é mais comprido do que um grão de pimenta, portanto, uma régua é mais comprida que um grão de pimenta.

Mas as comparações lineares não fazem sentido quando estamos criando histórias e oportunidades para os seres humanos.

Uma bolsa da Hermès é mais cara do que uma bolsa da Louis Vuitton, que é mais cara que uma da Coach. Mas isso não significa que a bolsa da Hermès seja "melhor". Significa apenas que é mais cara, o que é apenas uma das muitas coisas com as quais alguém pode se importar.

O custo pode ser fácil de medir, mas nunca fica claro se o que custa mais é sempre melhor.

E quanto a categorias mais subjetivas como "elegância", "estilo" ou "status"? Nada disso é linear ou fácil de mensurar. Não esclarece em nada o significado de melhor.

O melhor não depende de você

Existem mais de 250 modelos de motocicletas disponíveis para venda em Cleveland. Você sabe o nome de todas? Ninguém sabe, nem mesmo um colecionador de motos.

E o mesmo vale para ketchup, corretores de seguros, igrejas.

Então, como é possível processar e lembrar tudo isso na hora de escolher um produto?

Nós nos lembramos do melhor.

Melhor para quê?

E essa é a questão fundamental. *O melhor para nós.*

Se nos preocupamos com a sustentabilidade e com o preço, então nosso cérebro terá um espaço para nossa marca favorita, que será aquela que oferece o melhor em sustentabilidade e preço. Nenhuma surpresa.

Mas nosso vizinho, aquele que se preocupa muito mais com o status dentro do grupo e com o luxo, tem uma marca muito diferente em mente. O que não é surpreendente, porque somos seres humanos, não máquinas.

Seu trabalho como profissional de marketing é encontrar um local no mapa que proporcione as vantagens que (algumas) pessoas desejam encontrar. Não é uma proposta de venda única e egoísta, feita para maximizar a sua participação de mercado, mas um farol generoso, um sinalizador enviado para que as pessoas que o procuram possam encontrar facilmente.

Nós somos isso, não aquilo.

O marketing da comida de cachorro

A comida de cachorro *deve* estar melhorando. Deve estar muito mais nutritiva e, claro, muito mais deliciosa.

Os norte-americanos gastaram mais de US$24 bilhões em comida de cachorro no ano passado. O preço médio subiu vertiginosamente, assim como a natureza gourmet dos ingredientes, como batata doce, alce e bisão orgânico.

E, no entanto, nunca vi um cachorro comprar comida para cachorro. Você já viu?

A ração para cachorros pode estar ficando mais deliciosa, à mesma proporção que fica mais cara, mas na verdade não temos ideia. Não sabemos se os cachorros gostam mais, porque não somos cachorros.

Mas sabemos que os *donos* de cachorros gostam mais. Porque a comida de cachorro, na verdade, é para os donos. Envolve o sentimento que ela evoca, a satisfação de cuidar de um animal que responde com lealdade e afeto, o status de comprar um bem de luxo e a generosidade de compartilhá-lo.

Alguns donos de cachorro querem gastar mais com a comida de cachorro que compram. Alguns querem comida de cachorro sem glúten, carregada de placebos de alto valor.

Mas não devemos confundir para quem é toda essa inovação. Não é para os cachorros.

É para nós mesmos.

Um profissional de marketing de uma empresa de alimentos para cachorros pode decidir que o segredo de mais vendas é produzir um alimento com um sabor melhor. Mas isso requer entender como um cachorro pensa, o que é terrivelmente difícil.

Acontece que a fórmula certa é fazer uma comida de cachorro que os donos queiram comprar.

O objetivo deste exemplo não é ajudá-lo a fazer um marketing melhor da comida para cachorros. É entender que quase sempre há uma desconexão entre desempenho e apelo. Que a escolha do idealizador do produto como sendo a melhor combinação de preço/desempenho raramente é a escolha do mercado.

Existem duas vozes em nossas cabeças. A voz do cachorro, aquela que não tem muitas palavras, mas sabe o que quer. E a voz do dono, que é diversa, contraditória e complexa. Ela está constantemente avaliando e processando inúmeras informações e pode se distrair facilmente.

Assim como o dono do cachorro faz uma escolha embasada em cem fatores (mas não no sabor), as pessoas a quem você pretende servir se preocupam com uma variedade de informações e emoções, e não apenas em identificar o mais barato.

Escolha seus extremos e identifique seu mercado. E vice-versa.

Os adotantes iniciais não são adaptadores: Eles anseiam pelo novo

Os adotantes iniciais estão no início da jornada do profissional de marketing, mas é importante não pensar neles como *adaptadores*. Os adaptadores descobrem como se ajustar às mudanças do mundo. Eles não estão felizes com isso, mas encontram um caminho.

Os adotantes iniciais são diferentes. Eles são neófilos — viciados no novo. Eles se emocionam com a descoberta, apreciam a tensão de "Isso pode não funcionar", e sentem prazer em se gabar de suas descobertas. Os neófilos são muito indulgentes aos passos errados daqueles que buscam inovar junto com eles e são incrivelmente implacáveis depois que a emoção inicial da descoberta desaparece.

Esse desejo incansável pelo melhor é exatamente o motivo pelo qual eles estão sempre procurando algo novo. Você não consegue ser perfeito aos olhos de um adotante inicial; o melhor que pode fazer é ser interessante.

Em seu trabalho como profissional de marketing, você acabará sempre dividido entre dois mundos. Ora estará criando um trabalho novo e interessante para pessoas que ficam entediadas facilmente. Ora tentará desenvolver produtos e serviços para durar, que podem se propagar além do minúsculo grupo de neófilos e alcançar e encantar o restante do mercado.

Não há quase nada que um profissional de marketing possa fazer que não deva ser precedido por essa distinção. A pergunta mágica é: *para quem é?*

Quais as crenças e desejos das pessoas a quem pretende servir?

Um aparte sobre reptilianos que secretamente controlam tudo

O professor Roland Imhoff, da Universidade Johannes Gutenberg, em Mainz, na Alemanha, queria entender o que faz algumas pessoas escolherem suas crenças.

Em particular, ele vem estudando um tipo particular de indivíduo extravagante: o teórico da conspiração. Como sabemos que as teorias da conspiração não são verdadeiras, por que elas são tão atraentes para algumas pessoas? E para quais pessoas?

Em um estudo citado por ele, descobriu-se que muitas pessoas que acreditam que a Princesa Diana ainda está viva, tendo simulado a própria morte, *também* acreditam que ela foi assassinada. E em outro estudo semelhante, pessoas que acreditam que Osama bin Laden estava morto antes que os Navy Seals chegassem ao seu esconderijo, também são propensas a acreditar que ele ainda está vivo.

Os fatos não estão abertos a questionamentos, e nem poderiam estar. O que acontece é que esses teóricos são reconfortados por sua posição de discordantes e *estão à procura de um sentimento, não de uma verdade lógica*. Imhoff escreve: "A adesão à teoria da conspiração pode não ser sempre resultado de uma falta de controle perceptível, mas sim, de uma profunda necessidade de singularidade."

Em seu estudo, Imhoff apresentou a teóricos norte-americanos da conspiração "fatos" inventados sobre uma conspiração envolvendo detectores de fumaça na Alemanha. Quando ele disse ao grupo que 81% da população alemã acreditava na teoria da conspiração, obteve uma reação de interesse e entusiasmo muito menor do que quando relatou que apenas 19% da população acreditava na teoria.

Ao torcer pela versão subestimada, o teórico da conspiração entra em contato com a emoção que tanto deseja, de sentir-se único, um valente propagador da verdade, o excêntrico.

Este grupo não se considera maluco. Cada membro não tem uma teoria única, sozinho em suas convicções. Eles procuram fazer parte de um *pequeno* grupo, um grupo minoritário, sincero, em que podem encontrar consolo mútuo enquanto o mundo exterior os ignora. Eles desfrutam desse sentimento toda vez que se reúnem com outros como eles — "caçadores" de répteis.

Essas considerações não estão tão distantes da realidade das incontáveis microtribos a que pertencem tantos adotantes iniciais.

Mais cedo ou mais tarde, cada um de nós se torna (por um tempo) o tipo de pessoa que acredita que os reptilianos controlam a Terra. Estamos procurando nossa própria cota de singularidade.

Humildade e curiosidade

Um profissional de marketing é curioso sobre outras pessoas. Ele se pergunta pelo que os outros sofrem, o que os faz vibrar. É fascinado pelos sonhos e pelas crenças das pessoas. E tem a humildade de aceitar que seu público enfrenta uma batalha diária contra a falta de tempo e de atenção.

As pessoas não estão dispostas a lhe recompensar com sua atenção. O fato de você ter comprado um anúncio não lhe dá direito a algo tão inestimável.

No entanto, podemos torcer para que as pessoas voluntariamente *troquem* sua atenção por algo que precisam ou querem, porque estão genuinamente interessadas e confiam que você manterá sua promessa.

Nem todo mundo se interessará. Mas se você fizer o seu trabalho corretamente, conseguirá atrair um número suficiente de pessoas.

É a história da chave e do cadeado. Você não sai correndo por aí testando todas as fechaduras possíveis com a sua chave. Em vez disso, você encontra as pessoas (a fechadura) e, desde que seja curioso o bastante sobre os sonhos e desejos dessas pessoas, cria a chave ideal para elas, uma chave pela qual ficarão felizes em oferecer sua atenção.

Um salva-vidas não precisa se preocupar em promover seus serviços para alguém que está se afogando. Quando você oferece uma boia salva-vidas, se a pessoa que está se afogando entende o que está em jogo, não é preciso criar anúncios para que elas agarrem o que lhes está sendo ofertado.

Estudo de caso: *Be More Chill* — mais de uma maneira de fazer sucesso

Dois anos depois do fracasso de público e crítica desse musical em Nova Jersey, sua trilha sonora apareceu na lista Top 10 da *Billboard* de melhores álbuns originais. *Be More Chill* é um musical de sucesso que não podemos assistir (ainda), mesmo após centenas de milhares de reproduções terem sido feitas após a gravação inicial da trilha sonora.

Depois de *Hamilton*, *Be More Chill* é o musical mais amado de sua época, gerando *fanfics*, animatics e produções escolares.

Todo esse fenômeno aconteceu sem uma estreia na Broadway. Sem riscos, sem investir tempo e sem intermináveis reuniões. E certamente sem as duras críticas após a noite de estreia. Charles Isherwood escreveu no *New York Times*: "Previsível em seus contornos... sem graça... clichê..."

A questão é que essa não era uma peça para Isherwood ou qualquer um dos outros críticos. Era inteiramente voltada para a nova geração, um público que se encantou, comentou e compartilhou sua experiência. Uma fã chamada Claudia Cacace, em Nápoles, Itália, desenhou algumas animações em vídeo que foram vistas por Dove Calderwood, em Idaho Falls, Idaho, que a contratou para desenhar mais. E assim a história se espalhou.

Em uma recente apresentação e *meet and greet* (pacote que dá direito a conhecer o artista) em Nova York, fãs vieram do mundo inteiro para passar algumas horas com os criadores do musical. E, tão importante quanto, conhecer uns aos outros.

Não é de surpreender que o musical ganhará uma sequência. E desta vez será fora do circuito da Broadway.

Para que serve um carro?

Mais especificamente, para que serve o primeiro carro de um adolescente?

Não é simplesmente uma necessidade de transporte. Afinal, aos 17 anos, o adolescente não tinha muitos problemas com transporte. E muitos jovens atravessam a fase da faculdade sem um carro. Ele é um desejo, não uma necessidade.

Poucas compras causam mais mudanças do que essa, e, neste caso, as mudanças são diferentes para pessoas diferentes.

Para o adolescente, um carro permite uma mudança de filho dependente para adulto independente. Essa é uma mudança de status, percepção e poder. É muito mais do que apenas quatro rodas.

Para os pais, envolve abandonar o controle sobre uma pessoa para lhe conceder responsabilidades e a tão sonhada liberdade. Isso leva a discussões significativas sobre segurança, controle e status.

O que os vizinhos dirão? O que diremos a nós mesmos sobre segurança? E sobre independência, oportunidade e mimar demais?

Todas essas mudanças estão no centro da decisão da compra de um carro. Quando o designer, o profissional de marketing e o vendedor veem essas mudanças em ação, eles fornecem mais valor, porque podem criar tendo essas questões em mente.

Escolhas demais

O antigo marketing industrial era construído em torno da pessoa que pagava pelos anúncios. Era feito *para* o cliente, mas não *para* o consumidor. O marketing tradicional usa pressão, isca e troca, e quaisquer métodos coercitivos disponíveis para fazer a venda — para ganhar o cliente, receber o dinheiro, assinar na linha pontilhada.

Quando o cliente não tem escolha, senão ouvi-lo e se envolver com você, quando há apenas três canais de TV, apenas uma loja na cidade, apenas algumas escolhas, a corrida do nivelamento por baixo é aquela que vale a pena ganhar.

Mas o consumidor recém-empoderado descobriu que o que o profissional de marketing vê como caos, para ele significa poder de escolha. Ele percebeu que há um número infinito de escolhas, um interminável desfile de alternativas. Para o profissional de marketing, é como tentar vender areia em um deserto.

Um milhão de livros publicados todos os anos.

Mais de 500 tipos de carregadores de celulares na Amazon.

Mais coaches, cursos e clubes do que eles poderiam imaginar, muito menos contratar ou virarem sócios.

Cercado por esse tsunami de escolhas, a maior parte oferecida por pessoas simplesmente egoístas, o consumidor faz uma escolha óbvia: ir embora.

Posicionando-se como um serviço

Em um mundo de escolhas, onde temos pouco tempo, pouco espaço e muitas opções, como escolhemos?

É mais fácil para aqueles que procuramos servir simplesmente se fechar e nem sequer tentar resolver seus problemas. Se parece que qualquer escolha estará errada, é melhor não fazer. Se o mundo está cheio de alegações e sensacionalismo, as pessoas não acreditam em nada.

Os profissionais de marketing podem optar por defender *algo*. Em vez de dizer "Você pode escolher qualquer um, e somos qualquer um", o profissional de marketing pode começar com um público que valha a pena atender, começar por suas necessidades, desejos e sonhos e, então, criar algo para esse público.

Isso envolve ir além.

Encontrar uma vantagem.

Defender uma causa, não todas.

O método: desenhe um gráfico simples com dois eixos, X e Y.

Todas as alternativas disponíveis podem ser representadas no gráfico. (Não estou chamando-os de concorrentes ainda, e você verá o porquê.) Todas as batatas fritas em um determinado supermercado. Todos os tipos de cuidados para um problema nas costas. Todas as instituições espirituais em uma cidade pequena.

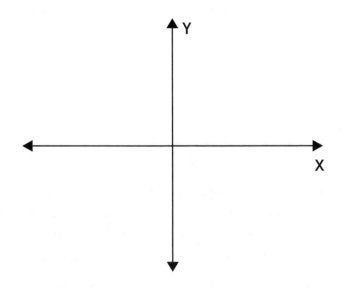

Escolha dois eixos. Um é disposto horizontalmente (X), e o outro, verticalmente (Y).

Para cada eixo, escolha algo com que as pessoas se importem. Pode ser algo como conveniência, preço, saúde, desempenho, popularidade, nível de habilidade ou eficácia.

Por exemplo, existem seis maneiras de transportar alguns diamantes pela cidade. Em um eixo temos velocidade, e no outro temos segurança. Acontece que tanto um carro blindado quanto o serviço postal terão todo o prazer em transportar um pequeno envelope de diamantes, mas um demorará muito tempo, e o outro levará uma tarde.

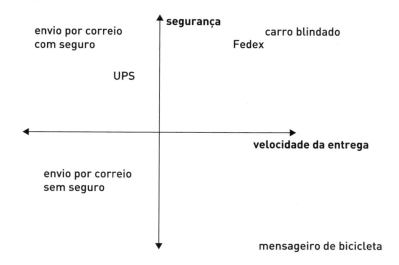

Se você não se importar com segurança, um mensageiro de bicicleta é ainda mais rápido. E se você não se importar com velocidade ou segurança, bem, uma carta funcionará bem.

A mágica do posicionamento de extremos em formato XY é que ele esclarece que cada opção pode ser a mais adequada, dependendo do que você procura. Consegue perceber como esse gráfico seria totalmente diferente se os eixos fossem alterados para conveniência, custo, impacto ambiental ou escalabilidade?

A mesma abordagem pode funcionar para batatas fritas (caras, locais, fritas em ar quente, com sabores, extragrossas, baratas etc.) ou para escolher entre o Walmart, a Zales e a Tiffany (preço, conveniência, status, escassez). Ou um navio de cruzeiro e um jato particular. Ou talvez um Ford, um Tesla e uma McLaren. Não estamos tão interessados em características quanto estamos nas emoções que elas evocam.

Aqui estão alguns eixos para você escolher. Como você conhece o seu nicho muito melhor do que eu, tenho certeza de que conseguirá pensar em outros.

Rapidez	Iminência
Preço	Visibilidade
Performance	Tendência
Ingredientes	Privacidade
Pureza	Profissionalismo
Sustentabilidade	Dificuldade
Obviedade	Elitismo
Custos de manutenção	Perigo
Proteção	Experimental
Modernidade	Limitação
Distribuição	Incompleto
Efeito de rede	

Depois de escolher um atributo com dois extremos para o eixo X, encontre um atributo diferente e use-o para o eixo Y. Trace as opções que seu cliente tem neste gráfico.

Agora você tem um mapa de como as alternativas se acumulam. Um mapa que um ser humano ocupado pode usar para encontrar a solução para seu problema.

Algumas batatas fritas são comercializadas como saudáveis e orgânicas. Umas, como tradicionais e saborosas. Outras, como a marca barata e as mais consumidas.

Os profissionais de marketing vêm fazendo isso desde sempre. Quando David Ogilvy e Rosser Reeves (e provavelmente Don Draper) criavam seus anúncios na década de 1950, descobriram uma lacuna no mercado e simplesmente inventaram alegações e características que preenchessem essa lacuna. Assim, um sabonete serve para pessoas que querem pureza, enquanto outro é feito para pessoas que se preocupam em não ter pele seca. Não importava se os sabonetes fossem iguais, o que importava era o "posicionamento". E então, os pioneiros do marketing Jack Trout e Al Ries foram além, desafiando os profissionais de marketing a encurralar a concorrência ao mesmo tempo que trabalhavam para manter um lugar só seu no mercado.

Tudo isso está certo, mas é algo que não se sustenta com o tempo, não em um mundo hipercompetitivo como o nosso. Em vez disso, podemos pensar na busca pelas vantagens como:

- Alegações verdadeiras, que nos esforçamos continuamente para aplicar em todas nossas ações.

- Alegações de generosidade, que existem como um serviço para o cliente.

O professor de música local, por exemplo, precisa começar dizendo algo além de simplesmente "sou local", porque, como todos sabemos, existem outros professores tão locais quanto ele. Além disso, "sou muito bom em ensinar" e "não vou gritar com seu filho" dificilmente são atributos que valem a pena citar.

Por outro lado, se ele escolhe dizer "Sou sério, meus alunos são sérios, e meu foco é o rigor" como um eixo, e "Meus alunos vencem competições" como o outro, de repente você tem um professor que vale a pena contratar, um professor para quem valha a pena pagar mais.

Seria esse o tipo de professor que eu gostaria de ter quando mais novo? Claro que não. Não é para mim. Mas para os pais que veem o ambiente de ensino da música como uma forma de construção de caráter e para o aluno que vê a música como uma competição, é exatamente isso que eles procuram.

E agora o professor tem uma promessa a cumprir. Porque, de fato, ele precisa ser mais rigoroso e profissional do que os outros professores. Ele precisa tomar a difícil decisão de expulsar alunos que não são sérios o suficiente. E precisa perseverar o suficiente com sua turma para que eles realmente vençam competições.

A alguns quarteirões de distância, um professor diferente pode se posicionar em um local totalmente diferente no mapa. Ele pode trabalhar com todos os alunos, concentrando-se na experiência, não nas notas. Ela pode se recusar a participar de competições, mas em vez disso construir uma prática baseada em conexão e generosidade.

Ambos os professores tratam pessoas diferentes de maneira diferente. Eles não competem entre si; eles simplesmente trabalham na mesma atividade.

Escolha seus eixos, escolha seu futuro

Quando você olha para a lista de atributos disponíveis, é tentador escolher os que mais interessam às pessoas. Afinal, alegar uma vantagem exige um árduo trabalho, e escolher uma com a qual poucas pessoas se importam parece tolice. É melhor escolher o mais popular, pensamos.

No entanto, se você fizer isso, certamente estará escolhendo um quadrante lotado. E sem a magia da publicidade, é muito difícil crescer em um quadrante já saturado. Seu cliente não saberá o que fazer e escolherá não fazer nada.

A alternativa é construir seu próprio quadrante. Encontrar dois eixos negligenciados. Construir uma história verdadeira, que mantenha a sua promessa, que coloque você em uma posição de ser a escolha clara e óbvia.

Todos os outros, as marcas medianas ou esforçadas que escolheram os eixos medianos ou populares, estão amontoados. São a Oldsmobile, Plymouth e Chevrolet, mais todo o resto das marcas do lumpemproletariado.

Você, por outro lado, assumiu um risco só seu, que lhe pertence, e talvez, apenas talvez, haja clientes mal servidos por aí ansiosos para encontrá-lo, criar uma conexão e espalhar a notícia.

Tantas escolhas

Software, perfumes, seguros, candidatos, autores, dispositivos, coaches, instituições de caridade e varejistas — há uma marca em cada esquina. Se pudesse escolher apenas uma para associar a cada uma das emoções listadas a seguir, para se sentir de uma determinada maneira, qual escolheria?

Segurança	Poder
Beleza	Respeito
Responsabilidade	Conexão
Inteligência	Modernidade

Se os profissionais de marketing fizeram um bom trabalho, essas escolhas foram fáceis para você.

As pessoas estão a sua espera

Elas simplesmente ainda não sabem.

Elas estão à espera da vantagem que você produzirá, a que até imaginam, mas que não acreditam que exista.

Elas estão à espera da conexão que você oferecerá. A capacidade de ver e ser visto.

E estão à espera pela tensão do possível, a capacidade de melhorar as coisas.

Sua liberdade

Você tem a liberdade de mudar sua história. Você pode viver algo diferente, uma história construída em torno daqueles que pretende servir.

Você tem a liberdade de decidir como passar o dia. Pode delegar as tarefas e encontrar a coragem para fazer apenas o trabalho emocional. Você pode ser audacioso e fazer o que os outros não estão fazendo.

Os profissionais de marketing mais frustrados que conheço são os que aceitam que, por estarem no ramo de atividade x, não têm liberdade.

E, assim, os corretores de imóveis correm atrás de clientes e fazem exatamente o que os outros corretores fazem.

E, assim, profissionais de marketing farmacêutico veiculam anúncios levemente genéricos e perdem a oportunidade de influenciar os médicos, em vez de perceberem quantas opções realmente têm.

E, assim, entramos no carrossel do Facebook, impulsionando nossos posts, contando seguidores e criando cada vez mais conteúdo na esperança de sermos notados. Existem muitas outras maneiras de causar impacto e conquistar confiança.

Muito do que damos como certo em nossa caixa de ferramentas de marketing foi considerado uma inovação arriscada apenas algumas gerações atrás. Vale a pena descartar o lixo que acumulamos e substituí-lo por ferramentas mais generosas.

A liberdade do melhor

Depois que a geladeira tornou-se popular, não havia uma boa razão para continuar contratando o entregador de gelo. Não valia mais a pena pagar por isso.

Depois que o supermercado deslanchou, ficou mais difícil justificar o trabalho do leiteiro.

E agora todos podemos aproveitar as enormes mudanças no que é preciso para fazer o que costumávamos fazer (tudo está ao nosso alcance agora, não é mesmo?) e usar essa alavancagem para redefinir o que é melhor.

Porque melhor é o que nosso mercado está esperando.

Pensemos no corretor de imóveis. Ele costumava acumular dados. Se você não contratasse um corretor, não teria informações sobre o que estava procurando. Hoje, em um mundo onde o Zillow tem 110 milhões de residências listadas, quem quiser comprar uma casa provavelmente terá acesso a pelo menos a mesma quantidade de informações que o corretor terá.

Se o objetivo for defender o status quo, ser um ponto de estrangulamento, será necessária uma corrida exaustiva para tentar nos manter à frente de um fluxo de informações e tecnologias cada vez mais rápido.

Mas como seria o melhor? *Não para você, mas para o cliente?*

Essa mudança é verdadeira para muitos de nós. Muito do trabalho, agora, é feito em rede, automatizado e confiável. Era preciso uma equipe de oito engenheiros e um orçamento de milhões de dólares para mandar e-mails para um milhão de pessoas em 1994. Hoje, qualquer um pode fazê-lo por US$9/mês usando o Feedblitz.

Há uma década, era preciso uma equipe dedicada de editores, revisores e representantes de vendas para que um livro estivesse disponível em todo o país. Agora, um livro para o Kindle pode ser publicado por uma pessoa inteligente com um arquivo digital.

Facilitamos o "fazer", e é precisamente por isso que precisamos terceirizar essa parte de nosso trabalho e concentrar toda nossa energia no trabalho árduo de fazer a mudança acontecer.

Uma última observação sobre empatia

Não estamos fingindo nossos pontos de vista, sonhos e medos. E você também não.

Na política, há uma longa história de pessoas acreditando que as pessoas do "outro lado" realmente não querem dizer o que dizem. Que Barry Goldwater e Jane Fonda estavam apenas atuando. Que os ateus na verdade, lá no fundo, acreditam em Deus, e que os evangélicos estão na maior parte do tempo tentando provar seu ponto de vista e não expressar suas crenças reais.

O mesmo vale para usuários de Mac versus aqueles que preferem a linha de comando do Linux, ou para nerds de matemática versus aqueles que insistem que não conseguem entender matemática.

Presumimos que ninguém é capaz de acreditar que não consegue entender matemática. Ou que possa apoiar uma política insana. Ou que coma esse tipo de comida por que quer.

Não estamos fingindo. Seus clientes não estão fingindo. As pessoas que preferem seu concorrente também não.

Se formos capazes de reconhecer que as pessoas estão apenas aceitando quem são, fica muito mais fácil compreendê-las. Não transformá-las ou fazê-las admitir que estavam erradas. Mas simplesmente entrar em sintonia, ter a chance de se conectar a elas, de adicionar nossa história ao que elas veem e adicionar nossas crenças ao que elas ouvem.

> **CAPÍTULO SEIS** «

Além das Commodities

Problemas primeiro

Profissionais de marketing eficazes não começam pela solução, por aquilo que os torna mais inteligentes do que todos os outros. Em vez disso, começam com o grupo a quem pretendem servir, um problema que buscam resolver e a mudança que procuram fazer.

Há uma lacuna no mercado em que sua versão do melhor pode operar uma mudança bem-vinda. Não uma mudança tática. Não um buraco de 6mm, ou até mesmo uma broca de 6mm. Não, é possível ir além, podemos mudar alguém em um nível emocional.

Nosso chamado é para fazer a diferença. Uma chance de melhorar as coisas para aqueles que procuramos servir.

Sim, você tem um chamado: servir às pessoas da forma que elas precisam (ou querem). A oportunidade é que cada um de nós escolha um caminho e siga por ele, não para nosso próprio benefício, mas pelo que ele pode produzir para os outros.

E funciona?

Em 1906, o precursor da FDA foi criado para combater produtos fundamentalmente perigosos. A ira com produtos como o Berry's Freckle Ointment (remédio para sardas), um cosmético que provavelmente deixaria você doente, ou o LashLure, máscara para cílios que causou mais de uma dezena de formas de cegueira, levou o governo a agir.

Cerca de 50 anos depois, a qualidade do produto ainda era uma roleta russa. Seu carro poderia quebrar a qualquer momento.

Hoje, após muitos avanços, alguns padrões são esperados. A FedEx realmente entrega mais de 99% de seus pacotes no prazo, os carros não quebram espontaneamente, a maquiagem não costuma causar cegueira, seu navegador quase não trava, o fornecimento de energia elétrica raramente sofre interrupções e as viagens aéreas nunca foram tão seguras.

E, ainda assim, falamos sobre sermos muito bons em nosso ofício como se fosse uma exceção bizarra.

Muitas pessoas são boas no que você faz. Muito boas até. Talvez tão boas nisso quanto você.

Você merece todo o crédito pelo trabalho que faz e pelas habilidades que possui. Mas isso não é o suficiente.

A qualidade, o atributo de atender às especificações, é necessária, mas não é mais suficiente.

Se você ainda não consegue oferecer qualidade, este livro não será muito útil para você. Se consegue, ótimo, parabéns. Agora, vamos deixar isso de lado por um minuto e lembrar que quase todos também conseguem.

A jogada certa da commodity

Se você faz algo que outros também fazem e que possa ser encontrado no Upwork, na Amazon ou no Alibaba, está com problemas.

Problemas como saber que se aumentar o seu preço para obter um retorno decente pelo esforço que está colocando em seu trabalho, as pessoas simplesmente procurarão em outro lugar e comprarão por um preço menor.

Quando o preço de tudo está a um clique de distância, não temos medo de clicar.

Vender sorvete na praia no verão é fácil. Agora, aumentar as expectativas das pessoas, comprometer-se com suas esperanças e sonhos, ajudando-as a enxergar além — esse é o trabalho difícil que precisa ser feito.

Seus clientes sabem mais do que você sobre seus concorrentes. Então, seu trabalho de commodity, não importa o quanto você se esforce, não é suficiente.

"Você pode escolher qualquer um, e somos qualquer um"

Imagine um estande de engraxate no centro da cidade.

Uma das abordagens é encontrar a melhor localização que possa pagar e oferecer seus serviços para quem precisar.

No entanto, essa estratégia é falha.

Primeiro, se o serviço que você oferece pode ser feito por outra pessoa com a mesma qualidade, um concorrente na rua acabará "roubando" metade de seus clientes — até mais, se reduzir o preço.

Em segundo lugar, e o mais importante, ninguém precisa que seus sapatos sejam engraxados. É um desejo, não uma necessidade.

E por que alguém deveria se importar com isso?

Talvez esse cliente queira manter um visual alinhado, repetir um hábito do pai ou ficar parecido com Michael Jackson; isso faz com que ele se sinta bem, mais confiante, mais disposto a contribuir e mais empoderado.

Talvez isso esteja relacionado ao status de ter alguém à sua espera. Uma vez por semana, ele se senta em um "trono", com um artesão bem vestido e respeitoso cuidando de sua aparência.

Talvez seja um significante. Algo que não é especialmente importante para ele, mas que considera que pessoas como ele deveriam fazer. E não com qualquer engraxate. Com *este* engraxate, neste ponto público, com este respeitado artesão.

Qualquer uma dessas vantagens, histórias e transformações está disponível para o artesão assim que ele decide fazer a diferença.

Saber qual a história que seu cliente conta a si mesmo é insuficiente. Você ainda precisa agir, abrir a porta para a possibilidade e organizar toda a experiência em torno dessa história.

Esse é o tipo de trabalho que ajuda as pessoas a entender que você é especial, que torna as coisas melhores.

Quando você sabe o que representa, não é preciso competir

Bernadette Jiwa escreveu meia dúzia de livros extraordinários que humanizam o ofício muitas vezes industrializado de marketing.

Em *Story Driven* ("Motivados por Histórias", em tradução livre), ela deixa claro que, se tentarmos simplesmente preencher um buraco no mercado, estaremos condenados a um ciclo de comportamento coadjuvante. Não somos nada além de uma commodity em formação, sempre desconfiados de nossa concorrência. Não temos escolha a não ser sermos motivados pela escassez, focados na manutenção ou talvez no ligeiro aumento da nossa participação no mercado.

A alternativa é encontrar, construir e merecer sua história, o arco de mudança que pretende criar. Essa é uma postura profícua, baseada na possibilidade, não na escassez.

Agora que escolheu seu público, para onde quer levá-lo?

Bernadette compartilha dez coisas que boas histórias fazem; se a história que você conta a si mesmo (e aos outros) não fizer isso tudo, talvez seja necessário ir mais fundo e encontrar uma história melhor, mais genuína e eficaz. As boas histórias:

1. Conectam-nos ao nosso propósito e visão para nossa carreira ou negócio.

2. Permitem-nos celebrar nossos pontos fortes lembrando como chegamos até aqui.

3. Aprofundam nossa compreensão do nosso valor único e o que nos diferencia no mercado.

4. Reforçam nossos valores fundamentais.

5. Ajudam-nos a agir de forma alinhada e a tomar decisões baseadas em valores.

6. Incentivam-nos a reagir aos clientes, e não ao mercado.

7. Atraem clientes que desejam apoiar empresas que reflitam ou representem seus valores.

8. Constroem a fidelidade à marca e dão aos clientes uma história para contar.

9. Atraem funcionários com mesmas ideias que nós, como queremos.

10. Ajudam-nos a permanecer motivados e a continuar a fazer um trabalho de que nos orgulhamos.

Mas sua história é um compromisso

E você é parte dele.

Depois que você escolhe uma história, depois que se compromete a ajudar as pessoas a mudar, a levá-las em uma jornada entre o hoje e aonde querem chegar — você tem responsabilidade.

Responsabilidade para entregar.

Responsabilidade sobre o que acontece a seguir.

Será que é mesmo uma surpresa preferirmos fazer coisas medianas para pessoas medianas? Se tudo o que você faz é oferecer mais uma alternativa, optou pelo caminho de baixo risco. É pegar ou largar.

Por outro lado, o grande marketing é o trabalho generoso e autônomo de dizer: "Vejo uma alternativa melhor, venha comigo."

Estudo de caso: Stack Overflow é melhor

Se você é programador, já visitou o site da Stack Overflow, uma empresa lucrativa com mais de 250 funcionários e milhões de visitas por semana. Caso tenha uma pergunta, ela provavelmente já foi respondida em um de seus fóruns.

A Stack Overflow economiza tempo e esforço dos programadores, e também é um projeto pessoal para milhares de voluntários que contribuem com conteúdo.

Como o seu fundador, Joel Spolsky, fez o melhor acontecer?

Nos primeiros anos da década de 2000, havia um fórum de programação chamado Experts Exchange. Seu modelo era simples e óbvio: eles recebiam respostas para perguntas comuns de programação, e você tinha que pagar para lê-las. Uma assinatura custava US$300 por ano.

Para criar um negócio, eles atacaram o problema a partir da perspectiva da escassez. Ler as perguntas era gratuito, mas as respostas custavam dinheiro.

Para obter tráfego, eles enganavam os robôs primitivos de pesquisa do Google para que mostrassem as respostas (o que gerava um bom tráfego a partir do mecanismo de pesquisa), mas quando o usuário clicava no link, a informação era embaralhada e as respostas escondidas até que ele assinasse o serviço.

A Experts Exchange obteve lucro por meio da frustração.

Joel trabalhou com seu cofundador, o programador Jeff Atwood, para apresentar uma abordagem diferente: deixar as perguntas e as respostas visíveis e pagar pela coisa toda com anúncios de vagas de empregos. Afinal, qual o melhor lugar para encontrar ótimos programadores do que um site em que excelente programadores fazem as perguntas e dão as respostas?

Ao longo do caminho, Joel descobriu que criar um produto melhor significava tratar diferentes pessoas de maneiras diferentes, contando histórias para cada grupo de acordo com suas cosmovisões e necessidades.

Para os programadores apressados, o sistema permitia, de forma rápida e fácil, encontrar uma pergunta e a melhor resposta para ela. As respostas são classificadas de acordo com a qualidade, portanto, os programadores não perdem tempo.

Ele percebeu que para cada pessoa que respondia a uma pergunta, havia mil pessoas interessadas na resposta. Em vez de tentar frustrar os questionadores, ele deixou de ser o empecilho e ofereceu que precisavam.

Mas aqueles que respondiam eram diferentes. Para eles, ele construiu uma comunidade, um sistema de classificação, uma série de níveis que permitiria que eles construíssem uma reputação e fossem recompensados com poder sobre a comunidade.

E aqueles que postavam os anúncios de empregos também eram diferentes. Eles queriam um método rápido, eficiente e de autoatendimento para encontrar as melhores pessoas. Nada complicado, sem distrações.

Joel não queria colocar sua marca pessoal em um site pessoal. Ele buscou ser útil, tornar as coisas mais eficientes, contar às pessoas uma história que elas queriam e precisavam ouvir.

Ele criou algo melhor e deixou com o público principal não apenas a tarefa de divulgar o site como também a de "trabalhar" nele.

O melhor é escolhido pelos usuários, não por você

O Google é melhor.

Ele era melhor que o Bing e o Yahoo!.

Melhor em que sentido?

Os resultados da pesquisa não eram obviamente melhores.

A busca em si não era drasticamente mais rápida.

O melhor era sua caixa de pesquisa, que não fazia os usuários se sentirem idiotas.

O Yahoo! tinha 183 links em sua página inicial, o Google, 2.

Isso projetava confiança e clareza. Algo que não se pode superar.

Então ele era o melhor — para algumas pessoas.

Agora, o DuckDuckGo é melhor, porque não é de uma grande empresa, não rastreia você e é diferente.

Então é o melhor — para algumas pessoas.

"E ainda servimos café"

Até que um incêndio suspendesse temporariamente seu funcionamento (na verdade, foram os aspersores de incêndio, e não a cafeteria, o que provocou os estragos), a Trident Booksellers and Café em Boston era uma das livrarias mais vibrantes e bem-sucedidas do país.

Não importa o quão barata e grande a Amazon tenha se tornado, a Trident conseguiu sair-se muito bem, porque eles fazem algo que a Amazon não pode. *Eles servem café.*

Se você administra uma loja de varejo que concorre com qualquer outra online, "...e ainda servimos café" não é um slogan ruim.

Isso porque o café é melhor em um contexto de socialização. O café cria um terceiro lugar: um lugar para encontrar, conectar, sonhar.

E então a Trident é, na verdade, uma cafeteria que vende livros.

Os livros que acabamos de comprar são uma lembrança das conexões pessoais que fizemos hoje.

O herói autêntico e vulnerável

Você conhece esse arquétipo: a mulher autêntica e destemida, que sempre mostra seu verdadeiro "eu", pronta para enfrentar as atribulações de um mundo que não a compreende, e depois de muito esforço o mundo passa a compreendê-la e todos comemoram.

Isso é um mito.

Um mito perigoso.

Existem algumas exceções que comprovam a regra, mas, em geral, o que precisamos é de pessoas dispostas a servir, a serviço da mudança que pretendem fazer. Dispostas a contar uma história que ecoe nos corações dos membros de um determinado grupo com o qual se importem o suficiente para servir.

Ambas facetas podem até coexistir. É possível que seja assim que você se sinta neste exato momento, mas pode não ser. A versão que você oferece de si mesmo pode ter muitas camadas de profundidade, mas não pode ser todo seu "eu", o tempo todo.

Um profissional desempenha um papel, fazendo o melhor trabalho possível, independentemente do dia, do paciente ou do cliente.

Quando James Brown caiu de joelhos no palco, exausto, precisando ser reanimado por seus assistentes, era uma brilhante encenação, não uma performance autêntica. Afinal, aquilo acontecia todas as noites.

Quando um terapeuta muda vidas o dia todo ouvindo pacientemente, ele até pode ser de fato uma pessoa paciente, mas é mais provável que esteja simplesmente fazendo seu trabalho.

Quando o barista da Starbucks sorri para você e lhe deseja um ótimo dia, ele está encenando, não expondo seu verdadeiro "eu".

E não há problema algum nisso, porque revelar seu próprio "eu" não é o melhor a ser feito. Essa exposição irrestrita deve ser reservada para sua família e seus amigos mais próximos, não para o mercado.

Proteja-se, você terá que fazer tudo novamente, amanhã.

Serviço

Os atos de marketing (escolha interessante de palavra, *atos*) são as ações generalizadas das pessoas que se importam. James Brown e o terapeuta entendem que a autenticidade no mercado é um mito, as pessoas querem ser compreendidas e atendidas, e não serem meras testemunhas do que você acha que deve fazer em um dado momento.

E quando fazemos a melhor versão de nosso melhor trabalho, nossa responsabilidade não é fazê-lo por nós mesmos... mas levá-lo até a pessoa que procuramos servir. Reservamos nossa melhor versão do trabalho para essas pessoas, não para nós mesmos. Assim como um chef premiado não prepara uma refeição de doze pratos para si mesmo no jantar, não se espera (ou se recebe muito bem a ideia) que você nos ofereça cada uma de suas inseguranças, medos mais íntimos e exigências urgentes.

Você está aqui para servir.

Autenticidade versus trabalho emocional

O trabalho emocional é o trabalho de fazer o que não queremos fazer. Envolve aparecer com um sorriso quando estamos esmorecendo, ou resistir à vontade de brigar com uma pessoa porque você sabe que tentar compreender e chegar a um acordo trará melhores resultados.

Ser autêntico exige uma pequena quantidade de energia e coragem. É preciso se sentir confiante o suficiente para deixar seus verdadeiros sentimentos serem expostos, sabendo que, se for rejeitado, será algo pessoal.

Mas também envolve fuga — se esquivar do importante trabalho de fazer a mudança acontecer. Se tudo o que você faz é seguir a sua musa (imaginária), você pode acabar descobrindo que a musa é covarde e está o afastando do trabalho realmente relevante. E se o seu eu autêntico for um idiota egoísta, por favor, deixe-o em casa.

Se precisa ser autêntico para fazer o seu melhor trabalho, você não é um profissional, mas sim um amador com sorte. Com sorte, porque você tem um trabalho em que ser a pessoa que quer ser no momento realmente o ajuda a seguir em frente.

Para o resto de nós, há a oportunidade de ser um profissional, de fazer um trabalho emocional em busca de empatia — a empatia para imaginar o que outra pessoa desejaria, o que ela poderia acreditar, qual história faria sentido para ela.

Não fazemos esse trabalho porque queremos fazer no momento. Fazemos esse trabalho emocionalmente esgotante porque somos profissionais e porque queremos que a mudança aconteça.

O trabalho emocional é o trabalho que fazemos para servir.

Quem está falando?

Quando você recebe um e-mail impessoal de uma empresa sem rosto, alguém está se escondendo. É astuto, mas não é real. Não sentimos uma conexão, percebemos apenas a sombra de um burocrata.

Por outro lado, quando um ser humano estende o trabalho emocional para assumir a responsabilidade — "Veja, eu criei isso" — abre-se uma porta para a conexão e o crescimento.

As organizações mais eficazes nem sempre têm um líder famoso ou uma assinatura em todos os e-mails, mas elas agem como tal.

"Veja, eu criei isso."

O objetivo não é personalizar o trabalho, mas sim, torná-lo pessoal.

» CAPÍTULO SETE «

A Tela dos Sonhos e Desejos

Tudo o que você aprendeu na escola e no trabalho sobre como se sair bem focava atender às especificações, cumprir as tarefas, tirar a nota máxima, fazer algo específico para um determinado propósito industrial.

"O que você faz" fala sobre uma tarefa, uma coisa mensurável e comprável.

Considere esta descrição de trabalho feita pelo governo dos EUA:

OPERADOR DE MÁQUINAS DE COSTURA; GRAU: 6

Configurar e operar uma variedade de máquinas de costura domésticas e industriais alimentadas por energia elétrica e máquinas afins de uso especial, tais como para casear botão, alinhavar e costurar mangas...

Emitir opiniões e tomar decisões independentes dentro da estrutura de instruções orais ou escritas e métodos, técnicas e procedimentos aceitos. Lidar continuamente com objetos com peso de até 5kg e, ocasionalmente, objetos com peso de até 9kg. Trabalhar em áreas que geralmente têm iluminação e aquecimento adequados, e ar fresco. Exposição à possibilidade de cortes e escoriações.

Embora esta seja a descrição de um *trabalho*, não é a descrição de um sonho ou desejo. Embora seja específico, pode ser facilmente alterado sem modificar o que é oferecido.

É assim que o dinheiro funciona também, as cédulas em si não tem muito sentido. Nós trabalhamos pelo que podemos comprar com elas.

O mesmo vale para o seu produto ou serviço. Você pode até dizer que está oferecendo um widget, mas não acredite nisso. Quando está fazendo o marketing para uma mudança, está oferecendo um novo estado emocional, um passo além na direção dos sonhos e desejos de seus clientes, não um widget.

Vendemos sentimentos, status e conexão, não tarefas ou coisas.

O que as pessoas querem?

Se você perguntar a elas, provavelmente não encontrará o que está procurando. Certamente não encontrará nada revolucionário. Nosso trabalho é observar as pessoas, descobrir seus sonhos e, então, criar uma transação que possa transmitir esse sentimento.

A coletividade não inventou o Modelo T, o smartphone ou o rap. Nem a JetBlue, a City Bakery ou a caridade: tampouco a água.

Uma coisa é se engajar em financiamentos coletivos, mas a coletividade não é tão boa em criar inovação.

Existem três confusões comuns em que ficamos presos.

A primeira é que as *pessoas confundem desejos e necessidades.* Precisamos de ar, água, saúde e um teto sobre nossas cabeças. Quase todo o resto é desejo. E se formos privilegiados o suficiente, decidimos que as outras coisas que queremos são realmente necessidades.

A segunda é que as pessoas estão intimamente conscientes de seus desejos (que consideram necessidades), mas *são terríveis em inventar novas maneiras de lidar com esses desejos.* Elas geralmente preferem usar uma solução familiar para satisfazer seus desejos, mesmo que não esteja funcionando muito bem. Quando chega a hora de inovar, elas ficam paralisadas.

A terceira é a *crença equivocada de que todos querem a mesma coisa.* Na verdade, não queremos. Os adotantes iniciais querem coisas novas; os retardatários querem que as coisas nunca mudem. Uma parte da população quer chocolate, a outra gosta de baunilha.

Profissionais de marketing inovadores inventam novas soluções que funcionam com antigas emoções

Ainda que as 7 bilhões de pessoas neste planeta sejam únicas, e cada uma carregue consigo uma coleção diferente de desejos, necessidades, dores e alegrias, em muitos aspectos, somos todos iguais. Compartilhamos vários sonhos e desejos, todos em diferentes proporções, mas há muita coisa em comum.

Veja a seguir uma lista básica, um vocabulário compartilhado que cada um de nós escolhe ao expressar nossos sonhos e medos:

Aventura	Pertencimento
Afeição	Comunidade
Evitar coisas novas	Controle
Criatividade	Atividade física

Prazer	Poder
Liberdade de expressão	Afirmação
Liberdade de movimento	Confiabilidade
Amizade	Respeito
Boa aparência	Vingança
Saúde	Romance
Aprender coisas novas	Proteção
Luxo	Segurança
Nostalgia	Sexo
Obediência	Força
Participação	Simpatia
Paz de espírito	Tensão

Você provavelmente poderia adicionar mais umas 10, mas é improvável que consiga pensar em mais 50. Essa lista básica de sonhos e desejos significa que os profissionais de marketing, assim como artistas, não precisam de muitas cores para pintar uma obra-prima original.

Esse é nosso ponto de partida: as afirmações. Afirmações sobre o que nosso público, a quem pretendemos atender, necessita e deseja. Afirmações sobre o que está em suas mentes quando acordam, sobre o que falam quando ninguém está ouvindo, em que pensam na hora de dormir.

E então fazemos afirmações sobre como nossa história e nossa promessa interagirão com esses sonhos e desejos. Quando alguém nos encontra, verá o mesmo que nós? Será que sabemos quais são seus desejos? Será que tomarão uma atitude?

Não comece por suas máquinas, seu estoque ou suas táticas. Não comece pelo que você sabe fazer ou por algum tipo de distração sobre sua missão. Mas sim, pelos sonhos e medos, pelos estados emocionais e pela mudança que seus clientes buscam.

Ninguém precisa do seu produto

Não faz sentido dizer "as pessoas precisam de uma carteira de couro branca" porque:

1. As pessoas não precisam de uma carteira. Elas podem *querer* uma carteira, mas isso é diferente.

2. As pessoas podem decidir que querem uma carteira de couro branca, mas não querem porque é branca ou porque é couro; eles querem pela sensação que ela os proporcionará. É isso que estão comprando: um sentimento, não uma carteira. Identifique esse sentimento antes de gastar tempo fazendo uma carteira.

Nós, profissionais de marketing, fazemos mudanças, levamos as pessoas de um estado emocional para outro. Nós as conduzimos em uma jornada, em que as ajudamos a se tornar a pessoa que sonharam, um pouquinho de cada vez.

Ninguém fica feliz em precisar de um corretor de imóveis

Não mesmo. Apesar das expectativas do corretor, essa geralmente não é uma interação alegre.

As pessoas estão com medo.

Nervosas.

Aliviadas.

Ávidas parar resolver.

Ansiosas por se mudarem.

Estressadas com dinheiro.

Pensando no status ganho ou perdido.

Aflitas com o futuro.

Preocupadas com seus filhos.

O corretor é um obstáculo no caminho para seu futuro. E muito do que ele fala é só barulho, um paliativo, porque os custos são os mesmos de qualquer forma.

De acordo com as estatísticas reportadas pela Associação Nacional de Corretores de Imóveis, mais de 80% das pessoas que contratam um corretor escolhem o primeiro que retorna sua ligação.

Considerando isto, veja um exemplo do que eu perguntaria a um corretor que busca ser *melhor*: Como você quer ser visto no mundo? Você vai tranquilizar e acalmar? E quanto a investigar e explorar? Pretende afirmar ser melhor, mais rápido e mais atencioso?

Assim como ninguém precisa de uma broca, ninguém precisa de um corretor de imóveis. O que as pessoas precisam e querem é como elas se sentem ao conseguir o que um corretor as ajuda a conseguir.

(E a mesma coisa vale para garçons, motoristas de limusine e talvez para você...)

Assim como os corretores imobiliários, a maioria de nós tem como tarefa mais importante "vender" emoções, não commodities.

Cadê o urso bravo?

Quando alguém não age da maneira que você espera, tente identificar qual é o medo por trás disso.

É difícil sonhar com qualquer coisa quando você pensa que está prestes a ser devorado por um urso pardo. Mesmo (ou especialmente) que isso esteja só em sua cabeça.

O que você quer?

Deixe-me adivinhar. Você gostaria de ser respeitado, bem- -sucedido, independente, manter-se ocupado e talvez até um pouco famoso. Fazer um trabalho de que se orgulhe e para pessoas de quem gosta.

O que não está nessa lista? Que você precisa de um carro de determinada cor, que precisa vender seus itens em pacotes com 15cm de largura, não 18cm. Que todos seus clientes precisam ter primeiros nomes com pelo menos seis letras.

Os detalhes não importam muito. Assim como seus clientes, você quer uma mudança de estado emocional, quer que eles passem do medo ao pertencimento.

Isso abre um espaço enorme. Muitos graus de liberdade.

Ajuda se você seguir certas verdades do comércio. Se quiser ser independente, provavelmente precisará de ativos ou de uma reputação. Se quer ser financeiramente saudável, provavelmente precisará entregar valor suficiente para as pessoas certas, em consequência, elas terão prazer em pagar por isso. Se quiser se orgulhar do seu trabalho, precisará evitar uma nivelação por baixo e tentar não desvirtuar a cultura ao longo do caminho.

Dentro desse quadro, porém, há muito espaço, no qual você pode cavar fundo e decidir que mudança quer fazer, e como (e a quem) você procura servir.

Este pode ser um bom momento para voltar ao exercício das vantagens, revisá-lo e encontrar alguns novos eixos, revelações e promessas. Encontre as pessoas que valem a pena servir e, então, identifique uma mudança que valha a pena.

Continue testando

É tentador cair na armadilha de criar um produto ou serviço para todos que acabe se mostrando trivial.

O trivial está além da crítica. Ele atende as regras, e não causa tensão.

Atende a todos, porque se todos estão satisfeitos, ninguém está infeliz.

O problema é que um mercado com pessoas que se contentam com o trivial é estático, pois elas não buscam o melhor.

O novo e o trivial não coexistem facilmente, portanto, as pessoas que estão satisfeitas com o trivial não são as mesmas que virão à sua procura. Na verdade, elas ativamente o evitam.

Os ciclos cada vez mais rápidos que exigem constantes testes, para resistir à armadilha de criar algo trivial e tedioso, são motivados pelo fato de que as únicas pessoas que podemos atender são curiosas ou estão insatisfeitas ou entediadas. Qualquer outra pessoa pode decidir se recusar a prestar atenção.

A boa notícia é que duas coisas extraordinárias aconteceram, grandes mudanças na forma como tudo é vendido para as pessoas:

1. É mais barato e mais rápido do que nunca criar um protótipo ou uma corrida limitada. Isso vale para organizações sem fins lucrativos, tal como para fabricantes ou empresas de serviços.

2. É mais barato e mais rápido do que nunca encontrar os adotantes iniciais, conseguir engajamento dentre as pessoas que queiram conhecer o seu serviço.

Isso significa que depende de cada um de nós fazer uma afirmação. Trace uma promessa, escolha seus extremos, encontre as pessoas que pretende mudar e apresente sua oferta.

Você pode chamar de teste, se quiser, mas isso é a vida real.

A vida real do engajamento com o que é possível, e do trabalho com pessoas que querem operar uma mudança.

Esteja sempre buscando, conectando, resolvendo, afirmando, acreditando, vendo e, sim, testando.

Podemos ler isto também como: *esteja sempre errado.*

Bem, nem sempre. Às vezes você vai estar certo, mas na maioria das vezes, estará errado. E tudo bem.

Colagem de inspirações

Estar errado desde o princípio é desgastante. A originalidade radical não tem um alto retorno sobre o investimento, e isso acabará o desgastando demais.

Fazer uma colagem de inspirações é uma alternativa eficiente.

Ao criar um site, uma campanha de e-mail ou um novo produto, experimente fazer uma colagem.

Identifique itens e ideias que acha que atrairão e conquistarão a confiança das pessoas com quem se envolverá. Os estilos de fontes, o preço, as ofertas, as imagens, as interfaces... e corte-as, separe tudo em itens originais e indivisíveis, então, reconstrua algo novo usando essas peças.

Você pode fazer o mesmo ao montar seu site, podcast ou novo projeto. Encontre os balizadores (os extremos) importantes para você e para o seu público, e monte-os em uma nova configuração.

Se você precisasse cobrar dez vezes mais

Qual a diferença entre uma massagem de $30 e uma de $300?

O que poderia fazer um livro valer $200? Ou um quarto de hotel custar $1.500? O que faria alguém doar $500 para a caridade em vez de $50?

"Mais do mesmo" não é a resposta certa.

Para aumentar drasticamente o tamanho do seu público ou o preço que você cobra, será preciso mais do que simplesmente trabalhar mais horas ou abordar mais pessoas.

Não pagamos dez vezes mais por mais palavras, um pouco mais de batatas fritas em nosso pedido ou um aparelho de som mais potente.

Pagamos por um extremo diferente, uma história diferente, um tipo diferente de escassez.

O irresistível raramente é fácil ou racional

Muitas vezes há uma fila na porta da loja de Fiona.

E não é de surpreender. Seu sorvete é delicioso, as porções são enormes e uma casquinha custa menos de 3 dólares canadenses. E o serviço vem com um sorriso, quase uma risada.

É irresistível.

É claro que, depois de terminar a casquinha, você dará uma volta à beira do rio e talvez comece a planejar onde passar uma semana das férias do próximo ano.

O Opinicon, um adorável pequeno resort perto de Ottawa, poderia cobrar muito mais por uma casquinha de sorvete. O valor provavelmente seria fixado por uma equipe de especialistas que fariam uma análise de mercado e gerariam uma demonstração de lucros ou prejuízo antes de fixar o valor em 8 dólares canadenses. Este seria o auge do retorno do investimento.

Mas o negócio deles não é a venda de casquinhas de sorvete. *As casquinhas de sorvete são um símbolo, um ponto de referência, uma chance de engajamento.*

Se você passar tudo para uma planilha, poderá acabar com um plano racional, mas não é ele o que cria energia, magia ou memórias.

Stew Leonard's era um pequeno supermercado com uma grande projeção. Ele foi analisado por Tom Peters e teve vendas por metro quadrado maiores do que qualquer loja desse tipo. O Stew's era uma experiência, quase como um parque de diversões, com atendimento memorável, merchandising inteligente e uma interessante oferta de produtos. Quando a empresa ampliou sua rede para mais algumas unidades, foi assumida por uma nova geração de proprietários que parecia mais atenta ao lucro de curto prazo e menos focada na mágica. Por um tempo, os lucros aumentaram. Mas agora, ano após ano, está cada vez menos lotado, menos vibrante e um pouco menos interessante. E quando uma nova loja abre por perto, eles perdem mais alguns clientes, depois mais alguns, e finalmente, as pessoas começam a se perguntar: "Por que eu ainda venho aqui mesmo?"

Talvez a questão não seja ser mais barato. É complicado definir o que é melhor, mas, sem dúvida, a busca irracional para se tornar irresistível é a essência de um empreendimento em ascensão.

CAPITULO OITO

Mais de Quem: Buscando o Menor Mercado Viável

O ciclo virtuoso e efeitos de rede

Todo cliente muito bom indica outro.

Clientes que se mostram becos sem saída não valem a pena. Clientes silenciosos, ciumentos, pessoas que acham que você precisa ser mantido em segredo... não dá para expandir seu negócio em um beco sem saída.

Seus melhores clientes se tornam seus novos vendedores.

Seu trabalho para mudar a cultura prospera quando a notícia se espalha, e se você quer que ela se espalhe, precisa construir algo que funcione melhor quando isso acontecer.

Isso cria o ciclo positivo que você está procurando, aquele que faz a mudança acontecer.

A mais eficaz notabilidade vem do design

O aparelho de fax era notável. Ele ficou famoso não por causa de uma campanha publicitária inteligente, mas porque os usuários decidiram falar sobre isso.

Por quê?

Porque o aparelho de fax funciona melhor se os seus colegas também tiverem um.

Bob Metcalfe viu isso em primeira mão quando inventou a Ethernet. A oferta original da 3Com permitia que três usuários conectassem seus PCs e compartilhassem uma impressora. Esse é um benefício marginal, não há muito o que falar.

Mas quando os usuários começaram a compartilhar dados, tudo mudou. A partir de então, havia duas situações: ou você estava na rede ou fora dela. E se você estivesse isolado, fora da rede, era doloroso. Quanto mais pessoas se juntavam à rede, mais falavam sobre ela. Isso tornava o isolamento ainda mais doloroso.

O slide original por trás da Lei de Metcalfe tinha apenas duas linhas. A linha reta mostra que o custo de adicionar cada pessoa à rede aumenta lentamente; já a linha curva, no entanto, mostra que o valor de adicionar mais uma pessoa à rede é exponencialmente maior.

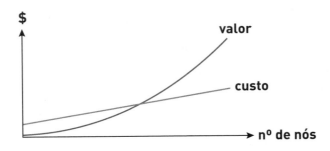

Esse simples efeito de rede é o centro de todo movimento de massa e de toda mudança cultural bem-sucedida. Ele acontece quando algo extraordinário é incorporado à história de sua mudança e, mais importante, quando o produto ou serviço funciona melhor quando usado com outras pessoas.

A conversa que estou motivado a ter com meus colegas se torna o motor do crescimento. O crescimento cria mais valor, o que leva a mais crescimento.

"E então, um milagre acontece"

Eis a verdade sobre a tração do cliente: milagres não acontecem.

O sonho do profissional da velha guarda gira em torno da transformação do produto ou serviço normal, mediano, "bom"...aquele que já existe e que não está fazendo sucesso. Pegue esse produto ou serviço e transforme-o em sucesso.

O sonho é que, com relações públicas, um pouco de alvoroço, promoção, distribuição, colocação de anúncios, marketing de influência, marketing de conteúdo e uma pitada de spam... o produto se torne "o tal", algo que todos desejarão. O item popular pelo simples fato de ser popular.

Mas você não se ilude com isso.

Claro, de vez em quando surge um superstar, mas, na maioria das vezes, essa abordagem simplesmente leva ao fracasso, e um fracasso caro.

A alternativa é buscar um caminho, não um milagre.

E esse caminho começa com a tração do cliente.

Minhas perguntas sobre sua startup do Vale do Silício apoiada por capital de risco são: Quantas pessoas fora do QG usam o produto ou serviço todos os dias? Com que frequência elas enviam sugestões de melhorias?

Mais coisas que quero saber: Quantas pessoas insistem para que seus amigos e colegas usem seu produto ou serviço? Tipo *agora*.

Elas adoram o produto? Elas se amam mais porque gostam de você?

Aquele restaurante que você acabou de abrir: Quantas pessoas voltam noite após noite para comer lá, trazendo novos amigos a cada visita?

Ou aquele estande na feira, ou a organização sem fins lucrativos que você está começando, ou o serviço de babá local.

Quem sentiria falta dele se acabasse?

Se você não consegue ter sucesso em algo pequeno, por que acredita que terá sucesso em algo grande?

Mil fãs verdadeiros

Em 2008, Kevin Kelly, editor fundador da *Wired*, escreveu um artigo sobre a simples verdade do menor mercado viável.

Para o criador independente de propriedade intelectual (um cantor, talvez, ou um escritor), na verdade, ter mil fãs verdadeiros pode ser suficiente para viver uma vida mais do que modesta.

Citando Kevin: "Um verdadeiro fã é definido como aquele que comprará qualquer coisa que você produzir. Esses fãs obstinados dirigirão centenas de quilômetros para ver você cantar; comprarão a versão de capa dura, a de capa brochura e as versões em áudio do seu livro; comprarão sua próxima obra de arte; pagarão pela coletânea em DVD dos melhores momentos do seu canal do YouTube gratuito; reservarão a mesa do chef no seu restaurante uma vez ao mês. Se você tiver mais ou menos mil fãs verdadeiros como esse (também conhecidos como superfãs), pode ganhar a vida — se estiver contente em ganhar a vida, mas não fazer uma fortuna."

São mil pessoas que o apoiarão no Patreon, ou mil pessoas que comprarão o seu novo projeto no Kickstarter no dia do lançamento. São mil pessoas que não apenas se preocupam com seu trabalho, mas também espalham a notícia para todos que as cercam.

O desafio para a maioria das pessoas que procura causar impacto não é conquistar o mercado de massa, é o micromercado. Elas fazem um contorcionismo enorme tentando agradar às massas anônimas antes que tenham 50 ou 100 pessoas que sentiriam falta delas se desparecessem.

Embora possa ser reconfortante sonhar em se tornar uma celebridade mundial como as Kardashians, é mais produtivo ser importante para algumas pessoas.

Mas e quanto a *Hamilton* ?

O sucesso que comprova a teoria e representa não apenas o triunfo de um criador sobre o status quo, mas a narrativa mágica de uma obra singular de esforço e arte que muda tudo.

Exceto...

Exceto pelo fato de que demorou mais de um ano para isso, e nesse tempo *Hamilton* era visto por apenas algumas centenas de pessoas por noite.

Mesmo quando estava em plena capacidade em Nova York, quebrando recordes na Broadway, só era visto por alguns milhares de pessoas.

E mesmo que esteja modificando uma pequena parte da cultura em cidades como Chicago, o musical foi visto por menos de 1% da população dos EUA. Seu álbum de trilha sonora mais vendido vendeu apenas algumas centenas de milhares de cópias, e o livro, um surpreendente best-seller, vendeu mais ou menos a mesma quantidade.

Nossos hits não são mais hits, pelo menos não como costumavam ser. Hoje, eles são significativos para alguns, e invisíveis para o resto.

O que Jerry faria?

Costumo contar a história do Grateful Dead, e, no entanto, quase ninguém tem coragem de se comprometer com esse tipo de serviço, a liderança da conexão. Escrevi sobre eles pela primeira vez há dez anos e, até hoje, muitos de nós ainda caem na armadilha de procurar por qualquer um que se enquadre nos Top 40 de nosso ramo.

Até agora comprei 233 álbuns diferentes do Grateful Dead, mais de quinhentas horas de música.

Eles são um exemplo quase perfeito do poder do marketing para o menor mercado viável. Vale a pena gastarmos alguns minutos para desconstruir o que e como fizeram, porque será de grande valia na longa e estranha viagem que estamos fazendo aqui.

Embora tenha se tornado um exemplo familiar, músicos, editores, donos de academias, consultores, chefs e professores parecem esquecer a principal lição do fracasso do Grateful Dead em emplacar um hit.

Primeiro, poucas crianças crescem querendo montar uma banda como o Grateful Dead. Eles tiveram um total de um hit no Top 40 da Billboard. *Um.*

Eles são facilmente relegados para a posição de banda hippie peculiar. Eles têm fãs, verdadeiros fãs, que também são facilmente menosprezados como hippies peculiares.

MAIS DE QUEM: BUSCANDO O MENOR MERCADO VIÁVEL   **97**

E ainda assim...

E ainda assim, o Grateful Dead arrecadou mais de US$350 milhões em receita enquanto Jerry Garcia estava vivo, e outros US$100 milhões desde sua morte. Nem estou levando em conta as vendas de discos, apenas ingressos de shows. A maior parte dessa conta foi realizada quando os ingressos custavam em média apenas US$23.

Como? Porque os verdadeiros fãs apareceram e espalharam a notícia. E porque os verdadeiros fãs nunca satisfizeram totalmente a necessidade de estarem conectados.

Aqui temos os principais elementos do sucesso de marketing da banda:

- Eles têm grande apelo junto a um público relativamente pequeno e concentraram toda a sua energia neles.

- Eles não usaram o rádio para disseminar suas ideias para as massas, em vez disso, contaram com os fãs para compartilhar suas ideias, no "boca a boca", incentivando-os a gravar seus shows.

- Em vez de torcer para encorajar um grande número de pessoas a apoiá-los um pouco, eles confiaram em um pequeno número de verdadeiros fãs que os apoiaram muito.

- Escolheram os extremos no eixo XY (concertos ao vivo versus discos elegantes, longas sessões para a família de fãs versus pequenos hits para o rádio) e conseguiram os dois.

- Eles deram aos fãs ideias para disseminar e causas a defender. Para os que estavam dentro e fora do fandom.

Eles precisavam de três coisas para conseguir isso:

- Talento extraordinário. Você não consegue fingir em 146 shows durante um ano.

- Uma paciência significativa. Em 1972, considerado por alguns como um ano de pico para a banda, apenas 5 mil pessoas compareciam a um show típico. Demorou mais de uma década até que o Grateful Dead se tornasse um sucesso "da noite para o dia".

- A coragem de ser peculiar. Não deve ter sido fácil assistir os Zombies, The Doors, e até mesmo os Turtles venderem muito mais discos do que eles. Por algum tempo, de qualquer maneira.

Em 1972, ser obstinado, generoso e ter sorte foi um acidente que levou ao seu surpreendente sucesso. Hoje, porém, na maioria das indústrias (incluindo a indústria fonográfica), esse tipo de sucesso não é um acidente, é o melhor caminho para o sucesso e, em muitos aspectos, o mais gratificante também.

Taylor Swift não é o seu modelo

Pense em Scott Borchetta, que gerencia a Big Machine Records. Ele teve mais de *200* singles número um. Esse é um total impressionante. Um profissional de marketing a nível mundial.

Ele vendeu mais de 30 milhões de discos da Taylor Swift, e a receita da turnê de Swift é quase a mesma que a do Grateful Dead era.

Taylor e Scott são máquinas de sucesso.

A maioria dos mercados precisa de alguém que seja uma máquina de sucesso, e no negócio da música atual, são eles. Como veremos, para cada produto de massa (cauda longa), há vários produtos de nicho (cabeça curta), e é nele que vivem os sucessos. Os sucessos têm um propósito útil à nossa cultura, mas a lição essencial é esta: alguém criará os sucessos, e provavelmente esse alguém não será você.

Se você encontrar um manual sobre como se tornar uma máquina de sucesso, se tornar aquele que regularmente cria o movimento de massa que muda o meio do mercado, vá em frente!

Para o resto de nós, há o outro caminho: conexão, empatia e mudança.

Todos os críticos estão certos (e todos os críticos estão errados)

O crítico que não gosta do seu trabalho está certo. Ele não gosta do seu trabalho e ponto final. Não há como discutir.

O crítico que diz que ninguém mais gostará do seu trabalho está errado. Afinal, você gosta do seu trabalho. Alguém pode gostar também.

Essa é a única maneira de entender as avaliações de uma estrela e de cinco estrelas que todo livro best-seller da Amazon recebe. Como um livro poderia receber as duas? Ou ele é bom ou não é.

Não é assim.

Das 21 mil resenhas de *Harry Potter e a Pedra Filosofal*, 12% deram uma ou duas estrelas. Para percebermos o que isso representa: de cem leitores, doze disseram que foi um dos piores livros que já haviam lido.

O que essa distribuição bimodal nos ensina é que há pelo menos dois públicos que interagem com todos os livros mais vendidos. Há o público desejado, aquele que tem um conjunto de sonhos, crenças e desejos que se integra perfeitamente com esse trabalho. E há aquele acidental, que fica mais satisfeito em não gostar do trabalho, odiá-lo e compartilhar esse pensamento com os outros.

Ambos estão certos.

Porém, nenhum deles é particularmente útil.

Quando buscamos feedback, estamos fazendo algo corajoso e tolo. Pedimos que provem que estamos errados. Para que as pessoas digam: "Você pensou que fez algo grande, mas não fez".

Eita.

E se, em vez disso, procurarmos por conselhos?

Experimente fazer assim: "Eu fiz algo que gosto, e acho que você também gostaria. Como me saí? Que conselho você tem para que eu possa fazer isso se encaixar mais na sua cosmovisão?"

Isso não é crítica, muito menos feedback. Esse tipo de conselho mais ou menos útil revela muito sobre a pessoa com quem você está envolvido. Ele nos ajuda a identificar seus medos, sonhos e desejos, é uma pista sobre como chegar ainda mais perto da próxima vez.

Muitas pessoas podem dizer como seu trabalho as faz sentir. Estamos intimamente familiarizados com o ruído em nossas próprias cabeças, e ele é frequentemente expresso como uma crítica pessoal e específica.

Mas pode não ser sobre você e nem mesmo ser útil.

Talvez você esteja ouvindo sobre os medos de alguém, ou sua narrativa sobre inadequação ou injustiça.

Quando as pessoas compartilham suas histórias negativas, muitas vezes estão tentando ampliar a resposta e torná-la universal. Elas falam sobre como "ninguém" ou "todos" se sentirão, mas o que você está realmente ouvindo é um ponto sensível específico que foi tocado em um momento específico, por um trabalho específico.

Esse é o tipo de pessoa que publica uma avaliação de uma estrela porque o livro chegou atrasado para o chá de bebê, ou a cliente que está com raiva porque gastou mais do que o orçamento de seu casamento. Isso é bem diferente de alguém lhe dar conselhos úteis sobre como trabalhar com alguém à sua semelhança no futuro.

Vale a pena evitar um ataque emocional e destemperado e tentar provocar um direcionamento útil e substancial.

Por que as pessoas não escolhem você?

Aqui temos outro exercício difícil, para aprimorar a empatia de um profissional de marketing típico:

As pessoas que não compram de você, as que não atendem suas ligações, zombam de suas inovações, compram com prazer de um concorrente mesmo sabendo que você existe... *essas* pessoas.

Por que elas estão certas?

Por que as pessoas que não escolhem você estão certas em sua decisão?

Se você trabalhou duro, é tentador denegrir o julgamento, questionar os valores e presumir que essas pessoas estão mal informadas, são egoístas ou simplesmente equivocadas.

Deixe isso de lado por um momento e encontre a empatia para completar esta frase: "Para as pessoas que querem o que você quer (__) e acreditam no que você acredita (__), sua escolha está correta."

Porque é verdade.

É muito provável que as pessoas tomem decisões perfeitamente racionais com base no que veem, no que acreditam e no que querem.

Sendo você um coach de carreira, explique por que as pessoas que não contratam um coach tomaram uma decisão inteligente ou explique por que as pessoas que estão usando os serviços de outro coach fizeram algo que faz sentido para elas.

Anos atrás, fui a uma aula de culinária que uma amiga me comprou de presente. O chef ensinava a todos a fazer um prato que usasse vitela moída. "Alguma pergunta?", ele disse. Um aluno teve a ousadia de levantar a mão e perguntar: "Posso fazer este prato com peru moído no lugar?"

Com um forte sotaque, o chef zombou: "Você poderia... se quisesse algo com gosto de *terra*."

Claro, ambos estavam certos.

Para o aluno, a disponibilidade, os benefícios para a saúde ou os imperativos morais associados à escolha de peru no lugar da vitela podem significar que ele se importava mais com a história do que com a correspondência com o perfil de sabor que era oferecido. Para o professor, para quem a memória proustiana deste prato era tudo, a ideia de substituições desrespeitou o esforço que dedicava a seu trabalho.

Isso é o que significa estar certo neste caso. Com base em quem são, o que querem e o que sabem, todos estão certos. Sempre.

Quando encontramos a empatia para dizer: "Sinto muito, isso não é para você, aqui está o telefone do meu concorrente", também encontramos a liberdade de fazer o trabalho que importa.

CAPÍTULO NOVE

Pessoas Como Nós
Fazem Coisas Assim

A mudança profunda é difícil e vale a pena

Como vimos, toda organização, todo projeto, toda interação existe para uma coisa: fazer a mudança acontecer.

Para fazer uma venda, mudar uma política, curar o mundo.

Como profissionais de marketing e agentes de mudança, quase sempre superestimamos nossa capacidade de fazer a mudança acontecer. O motivo é simples:

Todos sempre agem de acordo com suas narrativas internas.

Você não consegue fazer com que alguém faça algo que não queira e, na maioria das vezes, elas querem agir (ou não agir) reforçando suas narrativas internas.

A verdadeira questão, então, é de onde vem a narrativa interna e como *ela* muda? Ou, mais provavelmente, como usamos a narrativa interna para mudar as ações que as pessoas realizam?

Algumas pessoas têm uma narrativa interna que as torna abertas a mudar seu comportamento (por exemplo, Quincy Jones gosta de muitos tipos de música), enquanto outras iniciam o processo com grande resistência.

Para a maioria de nós, porém, a mudança de comportamento é impulsionada por nosso *desejo de nos encaixar* (pessoas como nós fazem coisas assim) e nossa *percepção do próprio status* (afiliação e domínio). Como essas duas forças muitas vezes nos empurram para permanecermos como somos, é preciso tensão para mudá-las.

Depois de identificar essas forças em ação, você poderá navegar pela cultura de uma maneira totalmente nova. Será como se alguém acendesse as luzes e lhe desse um mapa.

Pessoas como nós (fazem coisas assim)

Você já comeu grilos? Esqueça o inseto crocante, mas que tal farinha de grilo? Em muitas partes do mundo, grilos são uma boa fonte de proteína.

E a carne bovina? Mesmo que seja uma das causas mais discutidas por causa do aquecimento global, mesmo que seja uma maneira realmente ineficiente de alimentar o mundo, é seguro dizer que a maioria das pessoas que estão lendo isso comeu carne no almoço e/ou jantar na semana passada.

Se não é algo genético, se não nascemos com um sentimento predeterminado sobre grilos versus carne, se não há razões racionais para comer um ou outro, por que os grilos nos dão nojo enquanto a carne de vaca nos deixa famintos (ou vice-versa)?

Porque pessoas como nós comem coisas assim.

Para a maioria, desde o primeiro dia que conseguimos nos lembrar até o último dia em que respiramos, nossas ações são principalmente motivadas por uma pergunta: "Pessoas como eu fazem coisas assim?"

Pessoas como eu não sonegam seus impostos.

Pessoas como eu têm um carro; não andamos de ônibus.

Pessoas como eu têm um emprego em tempo integral.

Pessoas como eu querem ver o novo filme de James Bond.

Mesmo quando adotamos o comportamento fora da curva, quando fazemos algo que a multidão não costuma fazer, ainda estamos nos alinhando com o comportamento dos fora da curva.

Ninguém é inconsciente e descuidado do que está acontecendo ao seu redor. Nem as pessoas totalmente originais, donas de si e isoladas em todos os sentidos. Um sociopata pode agir de forma totalmente contrária à multidão, mas ele não é inconsciente dela.

Não podemos mudar *a* cultura, mas cada um de nós tem a oportunidade de mudar *uma* cultura — nossa pequena fatia de mundo.

O menor mercado viável faz sentido porque maximiza suas chances de mudar uma cultura. O núcleo do seu mercado, enriquecido e conectado pela mudança que você procura fazer, compartilha organicamente a notícia com a próxima camada do mercado, e assim por diante. Esse é o conceito de *pessoas como nós*.

Estudo de caso: As Faixas Azuis

Minha cidadezinha tinha um problema. Apesar de ter escolas extraordinárias (nossa escola de ensino fundamental havia ganhado o título de Escola Faixa Azul[1]), a votação do orçamento gerou uma divisão.

---

1 N.T.: O Programa Nacional de Escolas Faixa Azul nos EUA reconhece o alto desempenho acadêmico ou seu progresso na eliminação das lacunas de desempenho entre os subgrupos de estudantes do ensino público e privado, de ensino fundamental e médio.

Muitos na cidade, particularmente os residentes de longa data e as famílias de segunda ou terceira gerações, ficaram chateados com o aumento dos impostos escolares. Alguns deles se organizaram e, pela primeira vez que me recordo, a votação do orçamento escolar foi um fiasco.

No estado de Nova York, a escola pode fazer uma segunda votação, mas se essa também fracassar os cortes obrigatórios são bastante draconianos, com programas essenciais cortados sem uma priorização cuidadosa. Faltando apenas oito dias para a próxima votação, o que poderia ser feito?

Alguns ativistas decidiram tentar uma nova abordagem. Em vez de argumentar veementemente em favor do orçamento, distribuir panfletos ou realizar uma manifestação, eles amarraram cem fitas azuis a uma grande árvore em frente à escola de ensino médio, bem no centro da cidade.

Em poucos dias, a ideia se espalhou. Na semana anterior à eleição, dezenas de árvores, por toda a cidade, tinham fitas azuis penduradas nelas. Milhares de fitas azuis, penduradas por dezenas de famílias.

A mensagem era simples — pessoas como nós, da nossa cidade, neste distrito Faixa Azul, apoiam nossas escolas.

O orçamento passou com uma votação de 2 a 1.

A narrativa interna

Não tomamos decisões em um vácuo — nós as baseamos em nossa percepção de nosso grupo. Então, compramos um carrinho de bebê que custa US$700 porque somos espertos (ou não compramos, porque é ridículo).

Fazemos compras no mercado dos produtores locais (ou não, porque está chovendo, e eles não vendem Cheetos).

Assediamos a repórter de TV do lado de fora do estádio de futebol (e perdemos nossos empregos), porque é assim que vemos pessoas como nós se comportando.

Ou usamos uma camisa rosa-brilhante, calças amarelas e sem meias, porque, dizemos a nós mesmos, são confortáveis (mas principalmente porque é assim que imaginamos uma versão de sucesso de nós mesmos).

Tudo é construído em torno da simples pergunta: "Pessoas como eu fazem coisas assim?"

A normalização cria cultura, e a cultura impulsiona nossas escolhas, o que leva a uma maior normalização.

Os profissionais de marketing não fazem coisas comuns para pessoas comuns. Os profissionais de marketing criam mudança. E isso é feito através da normalização de novos comportamentos.

Definindo "nós"

Na era anterior, os meios de comunicação de massa trabalharam arduamente para definir "nós" como "todos nós", como a multidão, todos seus conterrâneos, as pessoas do mundo. Todos nós nunca fomos totalmente bem-sucedidos, porque os racistas, os xenófobos e os ermitões não viram problemas em determinar que o restante de nós está muito aquém de seus parâmetros.

Chegamos muito perto disso, no entanto. "Eu gostaria de ensinar o mundo a cantar", e a comercialização do mundo inteiro aconteceu mais rápida e profundamente do que a maioria das pessoas esperava. Todos nós (a maioria, pelo menos) assistíamos ao programa de Johnny Carson, usávamos jeans e íamos para a faculdade. Pelo menos, *todos* dentro da esfera de convívio que estávamos dispostos a enxergar.

Hoje, no entanto, a cultura popular não é tão popular quanto costumava ser. A série *Mad Men*, à qual o *New York Times* fez um alvoroço em dezenas de artigos em apenas uma temporada, só era vista assiduamente por 1% da população dos EUA. E o fenômeno da cultura popular que é o Cronut [da Dominique Ansel Bakery], o Oreo frito criado por uma feira local nos Estados Unidos ou a versão vegana da sobremesa da moda em um badalado restaurante — esses fenômenos alcançam, com um pouco de boa vontade no cálculo estatístico, basicamente ninguém.

O significado de *todos nós* deixou de ser *todo mundo* e passou a ser *ninguém*.

Mas tudo bem, porque a cauda longa da cultura, da mídia e da mudança não precisa mais de todos. Ela se satisfaz com o *suficiente*.

Qual nós?

Na afirmação "Pessoas como nós fazem coisas assim", o "nós" é importante. Quanto mais específico, mais conectado, mais unido for o "nós", melhor.

O que o profissional de marketing, o líder e o organizador devem fazer primeiramente é simples: definir o "nós".

Quando você diz "Pessoas como nós doam para uma instituição de caridade como esta", você claramente não está dizendo isso para todos. Todos não vão doar para sua caridade. Então, quem vai?

A resposta certa *não* é "As pessoas que doam são pessoas como nós". Isso é retroceder. Precisamos ser mais corajosos do que isso, mais articulados, mais dispostos a tomar iniciativas não apenas alcançando nossos mercados, mas mudando-os, transformando suas expectativas e, acima de tudo, mudando o que escolhemos contar e mostrar uns aos outros.

O mesmo cálculo se aplica à reunião interna em que você lança uma nova ideia para sua empresa, a ligação de vendas empresarias que faz ou a maneira como espera mudar a cultura do time de futebol que você treina.

Comece com o "nós".

Não deveria ser chamada de "a cultura"

Deveria ser chamada de "uma cultura" ou "esta cultura", porque não há cultura universal, nem um "nós" que defina todos.

Quando nos sentimos confortáveis com a percepção de que nosso trabalho é mudar "uma cultura", podemos começar a fazer duas pequenas, mas difíceis, tarefas:

1. Mapear e compreender a cosmovisão da cultura que buscamos mudar.

2. Concentrar toda a nossa energia nesse grupo. Ignorar todos os outros. E devemos nos concentrar em construir e viver uma história que ressoe na cultura que tentamos mudar.

É assim que fazemos mudanças — nos importando o suficiente para querer mudar a cultura e tendo coragem suficiente para escolher apenas uma.

Apenas o suficiente de arte

O empreendedor Alex Samuel explica que, quando a JetBlue foi lançada, simplesmente precisava ser mais moderna do que a American e a Delta.

Mas quando a Virgin America foi lançada seis anos depois, precisava ser mais moderna do que a JetBlue. Esse é um obstáculo diferente. Afinal, a JetBlue havia trabalhado duro para ser moderna. Os padrões haviam sido elevados.

Tudo em nossa cultura é parte de um processo de hierarquia entre o ontem, o hoje e o amanhã. Não podemos pular etapas.

A fotografia funciona assim, por exemplo. É muito fácil ser o fotógrafo que tem habilidade suficiente para tirar as fotos de ontem. Estilos antigos são tecnicamente fáceis de imitar. É algo bem direto. Mas ser aquele fotógrafo que estabelece a próxima tendência é dar um salto. Um salto para uma nova maneira de fazer algo, apenas um pouco melhor e um pouco inesperado. No entanto, se saltar muito longe a tribo não o seguirá.

Estudo de caso: Casamento gay na Irlanda

Uma maneira de aprovar o primeiro referendo nacional sobre o direito de casais homoafetivos se casarem seria apresentar seu caso, focar a justiça, o respeito e os direitos civis.

No entanto, essa abordagem racional não levará ninguém muito longe.

Uma alternativa? Brighid White e seu marido, Paddy, ambos com quase 80 anos, fizeram um vídeo sobre seu filho e sobre o que significava para eles apoiar o referendo.

São pessoas como nós.

É fácil para alguns assistirem a esse vídeo e se identificarem. Como pais, como tradicionalistas, como irlandeses.

A essência da mudança política é quase sempre a mudança cultural, e a cultura muda horizontalmente.

De pessoa para pessoa. De nós para nós.

Elite e/ou exclusivo

Malcolm Gladwell apontou que há uma diferença entre uma instituição de elite e uma exclusiva.

Elas podem coexistir, mas muitas vezes isso não acontece.

A Bolsa Rhodes é um prêmio de elite. Ela contempla poucas pessoas, e é respeitada por outros indivíduos e instituições de elite.

Elite é uma medida externa. O mundo pelo qual você se importa respeita esse emblema?

Mas a Bolsa Rhodes não é exclusiva. Não é uma tribo, um grupo de indivíduos bem conectados com sua própria cultura.

Exclusividade é uma medida interna. É o "nós contra eles", os que estão dentro contra aqueles que estão de fora.

Os Hell's Angels (clube de motociclistas) não são elite, mas são exclusivos.

A Escola de Administração de Harvard é de elite e exclusiva. Assim como os Navy Seals (uma das principais Forças de Operações Especiais da Marinha dos Estados Unidos).

É fácil ficar confuso em nossa busca por construir algo que importe. Parece que deveríamos trabalhar para tornar nossa organização algo de elite, para que o *New York Times* proclame que nossa ópera vale a pena ser vista, ou esperar que os veteranos gostem de nosso desempenho no campo.

Na verdade, porém, são instituições exclusivas que mudam as coisas. Não temos controle sobre nosso status de elite, e isso pode nos ser tirado em um instante. Mas organizações exclusivas prosperam enquanto seus membros desejam pertencer, e esse trabalho é algo que podemos controlar.

No centro da organização exclusiva está uma verdade simples: cada membro é uma "pessoa como nós". Siga por este caminho e você ganhará status. Pegue uma outra via e o perderá.

Para mudar uma cultura, começamos com um grupo exclusivo. É aí que podemos oferecer mais tensão e criar as conexões mais úteis.

Estudo de caso: Fundação Robin Hood

Em 2015, a Fundação Robin Hood arrecadou US$101 milhões.

Em uma noite. Foi o evento mais eficaz de arrecadação de fundos de seu tipo na história.

Algumas pessoas veem esse resultado e concluem que a tática (um evento de gala) é o segredo, mas não é. É a extraordinária pressão de grupo vinda de *pessoas como nós, que fazem coisas assim.*

A Robin Hood é uma instituição de caridade de Nova York, financiada em grande parte por doações de ricos investidores de fundos hedge e de Wall Street. A fundação passou uma geração construindo expectativas sobre esse evento, espalhando cuidadosamente a notícia sobre a generosidade dos adotantes iniciais enquanto participava da egomania hipercompetitiva de Wall Street. Embora tenha havido algumas doações anônimas, quase todo o dinheiro arrecadado circulava em torno de um simples negócio: dinheiro em troca de status.

A tensão é criada pelo evento. Você está lá, seus colegas estão lá, sua esposa está lá, um leilão está acontecendo. A causa é boa. Com um simples ato, você pode aumentar seu perfil, ganhar respeito e superar os competidores. Se isso corresponde à sua cosmovisão e você acredita que consegue pagar, o dinheiro é arrecadado.

Ao longo dos anos, essa narrativa é normalizada. Não é extrema, não para esse "nós", mas, mesmo assim, é o que fazemos.

A natureza intencional deste processo é facilmente ignorada. Isso raramente acontece como um efeito colateral não intencional.

A aclamação

Quantas pessoas são necessárias para começar uma aclamação?

No TED, basta apenas três. Se Bill, Al e Sunny se puserem de pé, milhares de outros os seguirão.

Em um show da Broadway, não importa quão morna seja a resposta, quinze estranhos espalhados pelo teatro podem ser o suficiente.

E no Mezzrow, o incrível clube de jazz, provavelmente essa proeza não é possível.

Então, o que está acontecendo?

Em alguns públicos, há poucos estranhos. Reconhecemos e respeitamos os que nos rodeiam, é nossa confiança nessas pessoas, aliada a nossa necessidade profunda de nos encaixar, que desencadeia uma aclamação. Se eu quiser ser um de "nós" e o líder estiver de pé, bem, ficarei de pé também.

Por outro lado, em um local cheio de estranhos, nosso desejo de se encaixar surge de forma ligeiramente diferente. No teatro da Broadway, estou na plateia na condição de turista, e turistas como eu respondem dessa maneira. O local tem um viés.

E o oposto vale para os fãs do hardcore jazz. Eles sabem que os fãs de jazz não aplaudem de pé, não em um clube, e o viés do local é difícil de mudar.

Raízes e brotos

Aqui temos uma analogia que ajuda a dar vida às ideias que cobrimos até agora:

Seu trabalho é uma árvore, as raízes vivem no solo dos sonhos e desejos. Não os sonhos e desejos de *todos*, apenas daqueles que você busca servir.

Se o seu trabalho é simplesmente uma commodity, uma resposta rápida a uma demanda óbvia, então suas raízes não são profundas. É improvável que sua árvore cresça, ou, se isso acontecer, é improvável que seja vista como importante, útil ou dominante. Ela será abafada por todas as árvores semelhantes.

Conforme sua árvore cresce, ela cria um ponto-guia para a comunidade. Os adotantes iniciais entre as pessoas que você procura servir podem se engajar com a árvore, escalá-la, usá-la para sombra e, possivelmente, comer seus frutos. E eles atraem os outros.

Se você planejou bem, a árvore crescerá rapidamente, porque o sol não está sendo tampado — há poucas árvores na mesma área. À medida que a árvore cresce, ela atrai não só outras pessoas, mas sua altura (como a escolha dominante na área) bloqueia os esforços fúteis de outras árvores semelhantes. O mercado gosta de um vencedor.

É um erro aparecer com uma sementinha e esperar uma multidão. O trabalho que interessa às pessoas que se importam é o caminho mais curto e mais direto para fazer a diferença.

CAPÍTULO DEZ

Confiança e Tensão Criam um Movimento para Frente

Correspondência/Interrupção de Padrão

Sempre fazemos uma coisa ou a outra.

A correspondência de padrão é o modo de agir de sempre. Quando sua oferta coincide com a história que contamos, a maneira como a contamos, o ritmo a que estamos acostumados, a despesa e o risco... a sua adição ao grupo torna-se uma escolha fácil.

Considere uma família com crianças pequenas que está acostumada a uma variedade interminável de cereais matinais. Cocoa Krispies, depois Lucky Charms e Frosted Flakes — qualquer um que esteja à venda ou tenha uma propaganda legal (que entusiasme as crianças). Quando sua nova marca de cereal aparecer, comprá-la será uma consequência da correspondência de padrões. Claro, por que não?

Pode ser tão simples quanto a audiência de uma série que passa às 9 da noite em uma quinta-feira. Milhões de pessoas se sentam todas as semanas para assistir à TV... você não está tentando mudar o padrão delas; você está simplesmente adicionando sua nova oferta na mistura que já existe.

Uma interrupção no padrão, por outro lado, requer algum tipo de movimento. A tensão é criada e a energia é desviada para avaliar a novidade. Seria algo que vale a pena considerar? Na maioria das vezes, para a maioria daqueles que você procura alcançar, a resposta é não. A resposta é não porque há padrões estabelecidos, o tempo é precioso e o risco é algo a ser temido.

Se você quiser que alguém que nunca contratou um jardineiro contrate você para o serviço, seu objetivo é uma interrupção de padrão. Se estiver tentando garantir uma doação de $5 mil de um figurão que costuma fazer doações de apenas $100, enfrentará o mesmo desafio. Antes de seguir em frente é preciso desfazer o padrão anterior.

Quando a vida interfere, novos padrões são estabelecidos. É por isso que é tão lucrativo comercializar para pais recentes, noivas e pessoas que se mudaram recentemente. Não há um padrão estabelecido, assim *tudo* é uma interrupção. Por outro lado, o gerente de compras de uma organização típica aprendeu que encaixar-se no padrão é a melhor maneira de manter um emprego estável sem surpresas.

O melhor momento para comercializar um novo aplicativo é quando a plataforma é nova.

Ao comercializar para alguém que ainda não tem um padrão, você não precisa de persuasão para convencê-lo de que suas escolhas antigas eram erros.

A tensão pode mudar padrões

Se pretende comercializar uma interrupção de padrão, isso exigirá fornecer o tipo de tensão que só pode ser liberada com a disposição para mudar um padrão arraigado.

A tensão é a força em um elástico esticado. Puxe-o em uma extremidade e isso cria tensão em todos os pontos.

Por que algumas pessoas hesitam em fazer uma pergunta durante uma aula, mas responderiam tranquilamente ao professor se fossem chamadas?

Voluntariar-se é um problema para elas, porque requer ação e responsabilidade, mas quando o professor aplica uma tensão social chamando um aluno publicamente, esse aluno não tem problema em responder. A tensão foi suficiente para superar sua inércia.

Criamos tensão quando pedimos a alguém para contribuir com uma venda de bolos para arrecadar dinheiro ou juntar-se ao nosso clube do livro. Estamos usando uma força (neste caso, engajamento social) para superar outra força (o status quo).

Por exemplo, vamos considerar o Slack, software de produtividade em rápido crescimento projetado para equipes de trabalho. Poucas pessoas têm um padrão de mudar a maneira como trabalham o dia todo. Ninguém acorda de manhã ansioso para ter de aprender a usar um novo programa de computador e passar semanas lidando com o incômodo de ter que abrir mão da plataforma que já confiam e se adaptar a uma nova.

No entanto, o Slack é o produto com crescimento mais rápido de seu tipo. Como isso aconteceu então?

Porque depois de capturar a energia e o afeto de alguns neófilos, as coisas começaram a andar. Usar o Slack é melhor quando seus colegas de trabalho também o usam. Assim, os usuários existentes têm um motivo poderoso e egoísta para contar aos outros, e, na verdade, quanto menos divulgarem a novidade, pior para eles.

Mas e na interrupção do padrão para o novo usuário? Onde fica a tensão?

Simples, basta um colega dizer: "Você está perdendo."

A cada dia que você passa sem usar o Slack vê as pessoas no trabalho falando pelas suas costas, trabalhando em projetos que você desconhece e falando de assuntos de que foi excluído.

Você pode liberar essa tensão agora mesmo, simplesmente entrando no software...

O Slack começou fazendo uma *correspondência de padrões*, oferecendo novos softwares para pessoas que gostam de novos softwares. Uma nova maneira de trabalhar para pessoas que procuram essa nova maneira.

Mas aí veio o pulo.

Eles deram a esse grupo uma ferramenta para criar uma *interrupção de padrão*. De pessoa para pessoa. Um trabalhador dizendo para outro: "Vamos testar essa nova ferramenta." Essa transmissão horizontal única construiu uma empresa de software multibilionária.

E isso não é acidental, é inerente ao próprio software.

Que padrão você está interrompendo?

O que você está quebrando?

Lance um novo projeto e, além de atender seu público, você estará quebrando um padrão. A própria existência de uma alternativa faz com que algo não seja mais verdade.

Quando um segundo hotel é aberto nas Cataratas do Niágara, o primeiro hotel não é mais o único.

Com o lançamento do telefone, o telégrafo deixou de ser o jeito mais rápido de enviar uma mensagem.

Quando se faz uma festa exclusiva, as pessoas que não são convidadas se tornam excluídas.

Quando você lança um extremo (o mais eficaz, o menos caro, o mais conveniente), então o que quer que tenha ultrapassado não é mais o extremo que seus fãs procuraram.

Quando uma nova rede começa a ganhar força, atraindo pessoas descoladas, os poderosos adotantes iniciais, essa tração faz com que todos que pertenciam à antiga rede que está sendo suplantada reconsiderem sua lealdade.

Essa é a sensação da tensão. A tensão de ser deixado para trás.

E os profissionais de marketing que causam mudanças, geram tensão.

Tensão não é o mesmo que medo

Se você sentir que está coagindo as pessoas, manipulando-as ou incutindo o medo, provavelmente está agindo errado.

Mas tensão é diferente. Tensão é algo que podemos fazer precisamente porque nos importamos com aqueles que procuramos servir.

O medo mata os sonhos, as pessoas ficam como se em animação suspensa, prendendo a respiração, paralisadas e incapazes de seguir em frente.

O medo por si só não vai ajudá-lo a fazer a mudança acontecer. Mas a tensão sim.

A tensão que enfrentamos a qualquer momento em que estamos prestes a enfrentar um desafio. A tensão de pensar que algo pode ou não funcionar. A tensão de imaginar: "Se eu aprender isso, vou gostar de quem irei me tornar?"

Pode haver medo, mas a tensão é a promessa de que podemos superar esse medo e chegar ao outro lado.

A tensão é a marca de uma grande experiência educacional — a tensão de não saber exatamente em que parte do processo estamos, não ter certeza do currículo, não ter uma garantia de que o insight que buscamos acontecerá em breve.

Toda educação eficaz cria tensão, porque pouco antes de você aprender alguma coisa, percebe que não a conhece (ainda).

Como adultos, nos expomos voluntariamente à tensão de um ótimo show de jazz, de um jogo de beisebol ou de um filme emocionante. Mas, principalmente porque fomos doutrinados pelo medo, hesitamos quando temos a oportunidade de aprender algo novo em nosso caminho de nos tornarmos a pessoa que buscamos ser.

O medo nos paralisará se não aprendermos que ir adiante é possível. Quando vemos uma saída, a tensão pode ser a ferramenta que nos move.

Profissionais de marketing eficazes têm a coragem de criar tensão. Alguns procuram ativamente essa tensão, porque ela funciona. Ela impulsiona aqueles que você serve a cruzar o abismo.

Se você se importar o bastante com a mudança que procura fazer, se importará o suficiente para generosa e respeitosamente criar tensão em nome dessa mudança.

Os profissionais de marketing criam tensão e o movimento para a frente alivia a tensão

A lógica da liquidação de fechamento da loja é ilusória. Afinal, se a loja fosse boa, não estaria fechando. E se um cliente espera obter suporte, garantia ou a chance de fazer uma devolução, comprar algo de uma loja que está prestes a fechar não é muito inteligente.

E, no entanto, as pessoas não conseguem resistir a uma promoção.

Isso porque a escassez da liquidação de fechamento da loja cria tensão. A tensão de imaginar: "Quais promoções perdi?" A melhor maneira de aliviar essa tensão é ir até a loja e conferir.

É claro que o medo de deixar passar a promoção de uma loja em falência não é a única tensão que nos leva adiante.

O mesmo acontece em inúmeros cenários. Veja essa novo app social. Se você decidir se cadastrar no início, encontrará mais amigos e estará mais em sincronia do que as pessoas que vierem depois. Melhor não ficar para trás.

Veja só como processamos as faturas aqui. Sei que você está familiarizado com o sistema original, mas a nossa organização usa um novo, e você precisará aprender até quinta-feira.

As últimas três casas vendidas no nosso quarteirão saíram por um preço abaixo do esperado. Se não vendermos em breve, nunca conseguiremos o valor para quitar o financiamento.

A Supreme lançará apenas 250 desses tênis. Vou comprar um par — e você?

Se quiser descobrir como a série termina, precisará assisti-la no domingo.

Não queremos ficar de fora, para trás, desinformados ou impotentes. Queremos seguir em frente. Estar em sincronia. Queremos fazer o que pessoas como nós estão fazendo.

Nenhum desses sentimentos existia antes que um profissional de marketing surgisse com algo que os despertasse — se não houvesse um novo álbum, você não se sentiria excluído se não o tivesse ouvido ainda.

Nós intencionalmente criamos essas lacunas, esses pequenos vales de tensão que as pessoas se veem pulando.

E a razão disso é o status.

Onde estamos?

O que a tribo pensa de nós?

Quem está em cima e quem está em baixo?

Você está pronto para criar tensão?

Não é uma pergunta retórica.

Existem duas maneiras de fazer o seu trabalho.

Você pode ser um motorista de táxi. Pegar um passageiro e perguntar para onde ele quer ir. Cobrar com base no taxímetro. Ser uma engrenagem substituível no sistema de transporte sob demanda. Você pode ser um taxista que trabalha com mais afinco, mas isso não mudará muita coisa.

Ou você pode ser um agente de mudança, alguém que cria a tensão, e depois a alivia.

Quando começaram a construir sofisticados cassinos em Las Vegas, isso criou tensão para inúmeros viajantes. Turistas que apenas um ano antes estavam felizes em Reno ou no centro de Las Vegas, e agora se sentiam como cidadãos de segunda classe. Eles perguntaram: "Sou o tipo de pessoa que vai a um cassino com essas condições?" A própria existência de uma alternativa mais sofisticada degradou a experiência que antes era satisfatória.

A tensão é criada. E a única maneira de aliviar essa tensão é o movimento para a frente.

Quando você chega com sua história, com a solução que tem em mente, também cria tensão? Se não o fizer, o status quo provavelmente prevalecerá.

Como o status quo ficou assim

A narrativa dominante, o líder de mercado, as políticas e os procedimentos que regem o dia — tudo existe por um motivo.

Eles resistem bem aos esforços por causa de insurgentes como você.

Se a verdade fosse suficiente para derrubar o status quo, ele teria sido mudado há muito tempo.

Se tudo o que estivéssemos esperando fosse uma ideia melhor, uma solução mais simples ou um procedimento mais eficaz, o status quo teria sido mudado há um ano, uma década ou um século.

O status quo não muda porque você está certo. Ele muda porque a cultura muda.

E o motor da cultura é o status.

» CAPÍTULO ONZE «

Status, Domínio e Afiliação

Baxter odeia Truman

Baxter é o meu cachorro. Ele é um vira-lata, sociável, alegre e expressivo que consegue conviver com quase todos os humanos e cães que encontra.

Exceto por Truman.

Truman é o régio pastor alemão, seguro de si, que acabou de se mudar para o outro lado da rua. Truman tem uma família amorosa, passeia algumas vezes por dia e está deixando Baxter louco.

Quando a fabulosa família de Truman veio para jantar, trouxe Truman. Baxter pirou. Ele não conseguiu se controlar.

E por que isso aconteceu?

Pense nos pinguins em Galápagos. Eles passam cerca de duas horas por dia pescando, e o resto do tempo se organizando em uma hierarquia. O processo envolve cuidados mútuos, conflitos e posicionamento social.

E não são só o meu cachorro e os pinguins, claro.

Nós também.

Não é irracional; o status faz com que seja a escolha certa

Por que as pessoas escolhem um restaurante em detrimento de outro? Ou uma faculdade? Por que dirigem determinado carro, e não outro?

Por que aquele campeão de pôquer fez uma aposta ruim? Por que alugar uma casa em vez de comprar uma? De qual clube comprar um título?

Se você analisar de perto as decisões que inicialmente não fazem sentido, provavelmente verá as funções de status em ação. A decisão não fez sentido para você, mas fez todo o sentido para a pessoa que a tomou.

Passamos muito tempo prestando atenção ao status.

Funções de status: O Poderoso Chefão e o agente funerário

Em seu brilhante livro *Impro* (Improvisação, em tradução livre), Keith Johnstone nos ajuda a entender as funções de status, os impulsionadores ocultos (mas óbvios) de todos os elementos da cultura.

Há sempre um cão alfa na matilha. E cada ninhada tem um nanico.

As funções de status determinam quem come primeiro na matilha de leões e quem bebe primeiro no oásis.

Na cultura humana, os papéis de status estão em todos os lugares onde mais de um humano esteja presente. Eles existem no namoro (quem paga a conta) e na sala de reuniões (quem entra primeiro, quem senta onde, quem fala, quem decide, quem é o responsável).

Meu exemplo favorito, que capta a essência do argumento de Johnstone, é facilmente encontrado se você acessar o YouTube e procurar a cena de abertura de *O Poderoso Chefão*.

Na cena, o agente funerário Amerigo Bonasera, um homem baixo e cansado, com um terno preto desinteressante, visita o Poderoso Chefão no dia do casamento de sua filha.

Em apenas alguns segundos, a cena está armada.

O Bonasera de baixo status (há como ser menor do que ele?) visita Don Corleone, que tem um alto status, um homem que passou a vida inteira trabalhando na manutenção de sua posição na escala de status.

Neste dia de casamento, porém, a tradição é que o Poderoso Chefão conceda qualquer favor que lhe seja solicitado.

Ao longo de apenas alguns minutos de filme, todo o universo é virado de cabeça para baixo.

Bonasera pede que Don Corleone cometa uma violência contra os homens que machucaram sua filha. Os laços familiares o levaram a assumir um risco enorme, a elevar seu status às custas do Poderoso Chefão. Para piorar as coisas, ele até se oferece para pagar Corleone, transformando o patriarca em um mercenário.

Que tensão!

Nesse momento, a vida do agente funerário está em risco. Ele foi longe demais. O orgulho de pai o empurrou para uma zona em que o Poderoso Chefão nada pode fazer. Don Corleone não pode conceder esse favor e manter seu status, e o status é sua alma.

Através de alguns notáveis truques de direção, em apenas alguns segundos, a ordem normal é restaurada, e a cena termina com o agente funerário curvando-se para o Don e beijando seu anel, prometendo fidelidade.

Bonasera alivia a tensão retornando ao seu lugar na hierarquia de status.

O status nos permite

O status é a nossa posição na hierarquia.

É também a nossa percepção dessa posição.

Ele nos protege.

Ajuda-nos a conseguir o que queremos.

O status nos dá a vantagem para fazer a mudança acontecer.

Ele é um esconderijo.

O status pode ser uma bênção ou uma maldição.

Por ele criamos uma narrativa que muda nossas opções conscientes, altera nossas escolhas e prejudica (ou sustenta) nosso futuro.

E o desejo de mudar nosso status, ou protegê-lo, controla quase tudo o que fazemos.

Estudo de Caso: Os leões e os guerreiros Maasai

Como podemos salvar os leões do Quênia e da Tanzânia?

A bióloga de conservação Leela Hazzah viu como as invasões em seu ambiente estavam tornando mais difícil a sobrevivência dos leões. Mas ela também sabia que, entre muitos Maasai, um rito de passagem para adolescentes era matar um leão, sem a ajuda de ninguém. Essa demonstração de bravura exercia pressão significativa sobre a população de leões. Estima-se que existam apenas 30 mil leões na região, sendo que havia 200 mil há umas duas gerações.

Todos os argumentos racionais no mundo não são poderosos o suficiente para mudar crenças culturais profundas, mesmo nessa comunidade. A necessidade de status (como pai, como jovem adulto) está dentro de todos nós. Em vez disso, a Dra. Hazzah e sua equipe trabalharam para criar novas crenças culturais construídas sobre os desejos humanos básicos.

Como aprendemos com a broca de 6mm, a ação nem sempre está obviamente conectada com a emoção desejada. No caso dos Maasai, os objetivos culturais são vincular uns aos outros em comunidade, criar sentimentos de fortalecimento e possibilidade, incutir bravura e paciência e ter um significativo rito de passagem. Elevar o status do menino ao tornar-se um homem.

Nenhum desses objetivos está diretamente relacionado a matar um leão. Isso era simplesmente um artefato histórico.

Trabalhando com e dentro dos sistemas culturais Maasai, a Dra. Hazzah e sua equipe introduziram um novo rito de passagem e construíram influências culturais em torno dele. Em vez de demonstrar bravura e paciência ao matar um leão, os jovens membros da cultura agora demonstram essas habilidades salvando um.

Em suas palavras, "a conservação da vida silvestre tem sido tradicionalmente direcionada à vida selvagem, não a pessoas. No Lion Guardians, adotamos a abordagem oposta. Por quase uma década, trabalhamos com comunidades locais para proteger leões e melhorar... a conservação da comunidade, misturando conhecimento tradicional e cultura com ciência."

Agora, os Maasai encontram e dão nome aos leões, os rastreiam e usam a telemetria de rádio para realizar um censo. Proteger um leão tornou-se o novo rito de passagem substituindo o antigo ritual.

A dinâmica de status está sempre em ação

Depois de vermos algo, não é mais possível que isso volte a ser invisível. Digamos que um policial pare um motorista por não respeitar o sinal vermelho. Quem tem status nessa situação?

O mesmo motorista segue para o escritório, onde ele berra suas ordens para a recepcionista. Quem tem status?

Um choque de funções de status acontece em qualquer burocracia que saiba apenas medir as mudanças de status atuais.

Os personagens que adotamos facilmente na escola — o palhaço da turma, o popular, o aluno nota dez — são funções de status. E lembre-se do quanto defendemos essas funções, mesmo quando tivemos a chance de mudá-las.

Quando o profissional de marketing surge com sua nova ideia, sua oportunidade, a oferta de fazer a mudança acontecer — toda vez, isso é um desafio ao nosso status. Temos a opção de aceitar (e subir ou descer na escala, dependendo da história que contamos) ou recusar a oferta e viver com a tensão de a termos ignorado.

É um erro acreditar que todos queiram elevar seu status. De fato, poucas pessoas o fazem. Também é um erro acreditar que ninguém queira reduzir seu status. Se você foi condicionado a se ver em uma determinada função de status, pode lutar para manter e até mesmo diminuir seu status.

O profissional de marketing inteligente começa a perceber que algumas pessoas estão abertas e sedentas por uma mudança de status (para cima ou para baixo), enquanto outras lutam como loucas para manter suas funções.

Status não é o mesmo que riqueza

Em alguns círculos, um colunista vencedor do Pulitzer tem muito mais status do que eu. Um médico encarregado de um hospital de prestígio pode ter mais status do que um rico cirurgião plástico. E o instrutor de ioga sem um centavo no bolso em um vilarejo na Índia tem mais status do que o homem mais rico da cidade, pelo menos para alguns de seus companheiros.

Nas últimas décadas, ficamos mais preguiçosos em nossa condição de conceder status, preferindo relacioná-lo tanto à quantia de dinheiro em uma conta bancária quanto ao número de seguidores online, mas o status continua a assumir muitas formas.

Seis coisas sobre status

1. *O status é sempre relativo.* Ao contrário da visão, da força ou do seu saldo bancário, não importa onde você esteja na escala absoluta. Na verdade, trata-se da percepção do status em relação aos outros no grupo. Seis é maior que 4, mas menor que 11. Não há número mais alto.

2. *O status está nos olhos do observador.* Se você é visto como sendo de baixo status por pessoas de fora, mas como tendo alto status em sua própria narrativa, então as duas coisas são verdadeiras, em momentos diferentes, para pessoas diferentes.

3. *O status que recebe atenção é o status que importa.* O status é mais relevante quando tentamos mantê-lo ou alterá-lo. Para muitas pessoas, o status está em nossa mente em todas as interações. Mas só importa quando a pessoa com quem estamos se preocupa com o status.

4. *O status tem inércia.* É mais provável que trabalhemos para manter nosso status (alto ou baixo) do que tentemos alterá-lo.

5. *O status é aprendido.* Nossas crenças sobre o status começam cedo. E, no entanto, o grupo de que fazemos parte pode influenciar a percepção que temos de nosso status em pouquíssimo tempo.

6. *A vergonha mata o status.* A razão pela qual a vergonha é usada como alavanca é simples: ela funciona. Se aceitarmos a vergonha que alguém nos direciona, isso prejudica toda a narrativa sobre o status relativo.

Ajustamos nosso status de forma constante e intuitiva de acordo com a situação. E quando colocamos nosso trabalho no mercado, a primeira coisa levada em consideração é a função de status.

Frank Sinatra teve mais que um resfriado

Frank Sinatra vivia duas vidas, uma em profundo conflito com a outra. Como narrado por Gay Talese, o mundo exterior o via em um ápice, a definição de elegância e sofisticação. Ele era um agente de alto status, um homem sério, o primeiro e único.

Quando Frank se olhava no espelho, porém, via um garoto magro de baixo status, desrespeitado, que mal conseguia manter o que tinha. Ele se cercou de pessoas permissivas e bajuladoras, mas ainda assim conseguia dar escândalos de birra e ter uma vida miserável que desmentia sua fama, fortuna e boa saúde.

Quando trazemos status para o nosso marketing, estamos andando numa corda bamba. Não sabemos se a pessoa com quem estamos interagindo parece ter status elevado (e não acredita nisso), ou realmente acredita e quer aumentar sua posição.

Mas não fica claro se temos muita escolha... porque cada grande decisão é tomada com base em nossas percepções de status.

Aprendendo a ver o status

A ideia de status não é tão simples quanto parece. Primeiro, você precisa pensar no status externo (como eles são vistos pela comunidade escolhida) e interno (quem eles veem quando se olham no espelho) das pessoas a quem pretende servir.

Em seguida, analise como eles mantêm ou buscam alterar esse status. Eles depreciam outros? Buscam a aprovação? Ajudam de maneira altruísta? Objetivam conseguir mais? Que tipo de ganhos e perdas eles acompanham? Considere os dois gráficos XY a seguir.

As pessoas no quadrante superior direito (a) são realmente raras. Nele estão aquelas que são vistas como poderosas e que também se veem capazes de lidar com isso. Eu colocaria Oprah Winfrey nesta categoria. São indivíduos que podem escolher, não os que esperam ser escolhidos.

O quadrante superior esquerdo (d) é mais comum, pois as pessoas que acabam com status elevado muitas vezes duvidam de si mesmas. Isso pode transformá-las em divas. As melhores histórias sobre Frank Sinatra são sobre a justaposição de seu status de realeza reconhecida com sua própria necessidade de afirmação. A síndrome do impostor está clara aqui.

O quadrante inferior direito (b) é para pessoas que se veem como melhores do que o resto do mundo. É aqui que você pode encontrar motivação artística e disposição para se esforçar para melhorar, mas com o tempo, isso também pode levar à amargura.

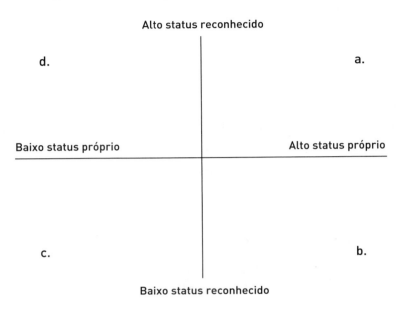

E, finalmente, o quadrante inferior esquerdo (c) é onde categorizamos as pessoas que se consideram indignas (e o mundo concorda com isso). Embora pareça ser uma posição triste, é bastante comum, e é por isso que incorporamos esse papel na cultura hierárquica. É a Cinderela antes do baile, sem esperanças de ter uma chance de fazer mais. É o mineiro de carvão, lutando para manter um emprego perigoso e mal remunerado.

Antes de fazermos a análise, porém, há mais um gráfico:

Em muitas interações, as pessoas buscam mudar seu status relativo — seja para se ajustar em comparação com seus colegas, seja para buscar segurança ao desistir e sendo rebaixado.

Ser rebaixado cria segurança, porque há mais espaço e menos ameaça. Aqui, menos pessoas disputam para ter uma visão melhor ou pela chance de almoçar primeiro.

As pessoas estão intensamente conscientes de seu status relativo. Nós podemos subir ou descer. Podemos fazer isso ajudando/empurrando os outros para cima ou para baixo. Podemos abrir a porta para os outros e capacitá-los a aumentar seu status ou podemos gastar nosso tempo difamando os outros ou aumentando nosso próprio status.

No quadrante 1, vemos o filantropo, o professor comprometido e o proponente da justiça social. Uma pessoa que procura melhorar seu status com os outros, demonstrando o poder de se concentrar naqueles com status baixo em vez de si mesmo. É certamente assim que o Super-Homem passou a ser entendido por nós. Ele poderia roubar bancos, mas decidiu salvar vidas.

No quadrante 2, vemos um comportamento semelhante por um motivo diferente. Essa é a pessoa que não apenas deixa as outras pessoas passarem à sua frente na fila, como também sequer tenta experimentar um papel, porque outras pessoas merecem mais.

O quadrante 3 é o caráter antissocial que apresenta um narcisismo infantil nocivo ao mundo. Uma pessoa que tem raiva, sabe que não está à altura, mas derrubará todos ao seu redor. O. J. Simpson e Martin Shkreli estão nessa categoria.

E o quadrante 4 é a pessoa egoísta e agressiva que deseja ganhar em cada situação e que está disposta a fazê-lo com uma combinação de criação de valor e derrubada da concorrência.

Histórias diferentes para pessoas diferentes

Cada um tem sua própria narrativa. O que nos move, a cosmovisão que nos é única, a história, crenças e percepções que moldam quem somos e o que escolhemos. E a empatia é o ato generoso de aceitar que os outros não querem, acreditam ou sabem o mesmo que nós — e nem são movidos pelas mesmas coisas.

Mas, para trazer a nossa mudança para o mundo, precisamos fazer algumas suposições sobre o que os outros acreditam. Não somos capazes de saber exatamente o que passa pela cabeça deles, mas podemos observar seu comportamento e fazer suposições.

Há um cisma em nossa cultura. Em vários momentos, há dois lados que contam histórias muito diferentes a si mesmos e atuam de maneiras diferentes: 1) as pessoas que se enquadram, em certas situações, ao domínio, e 2) aquelas que buscam afiliação.

Afiliação e domínio são formas diferentes de medir o status

Toda pesquisa sobre "o cara mais legal de Hollywood" mostra uma foto de Tom Hanks. E toda pesquisa sobre "O Poderoso Chefão" mostra uma foto do fictício Don Corleone.

Tom Hanks se preocupa com afiliação. Já Don Corleone, com a dominação.

Ver a diferença libera uma compreensão do nosso mundo, nosso cenário político e como seus clientes podem ver as coisas. Esta seção da nossa jornada está repleta de personas, narrativas e exageros sobre cada cosmovisão.

Afiliação:

As perguntas que um indivíduo que se preocupa com afiliação pergunta a si mesmo e àqueles que o rodeiam:

Quem conhece você?

Quem confia em você?

Você melhorou as coisas?

Como é o seu círculo?

Qual seu lugar dentro da tribo?

Por que não podemos chegar a um consenso?

Domínio:

As perguntas e declarações que um indivíduo que se preocupa com ofertas de domínio faz a si mesmo e àqueles que o rodeiam:

Isso é meu, não seu.

Quem tem mais poder?

Eu fiz isso sozinho.

Minha família precisa de mais do que já temos.

Meu lado dominar o seu lado significa que eu não tenho que estar no comando, contanto que meu líder esteja ganhando.

Durante uma partida de futebol, um garoto de 12 anos só se importa em ganhar. E não apenas ganhar, mas aniquilar seu oponente. Ele impugnará qualquer ação do árbitro, fará birra e não poupará esforços para ganhar.

Esse mesmo garoto não se importa em ser o primeiro da turma, mas se preocupa muito com quem se senta ao seu lado no ônibus.

Na banda de jazz, alguém está mais preocupado com quantos solos faz em uma apresentação, enquanto outro integrante quer ter certeza de que está ajudando o grupo a continuar em sincronia.

As pessoas que você quer servir neste momento: o que elas se preocupam em medir?

Se quiser vender para alguém preocupado com domínio ou afiliação, você precisa estar ciente do que está sendo medido e por quê.

"Quem come primeiro" e "quem se senta mais perto do imperador" são questões que persistem até hoje. Ambas são questões de status. Uma envolve domínio; a outra, afiliação.

Não apenas comer primeiro, mas estar no mesmo time da pessoa que come primeiro, e ter prazer em ver os outros comerem por último.

Não simplesmente sentar-se perto do imperador, mas saber que ele (e o resto da corte) o terá em alta conta amanhã também.

Com que narrativa seu público se identifica?

Aprendendo com a luta profissional

A luta profissional é, nada mais, do que uma batalha por status, certo?

Não apenas entre os lutadores, mas também entre os fãs. Porque quando o seu herói sobe, você também sobe.

Se puder enxergar pelas lentes que a luta profissional e seus fãs usam para ver o mundo enquanto estão em um combate, você pode entender como algumas pessoas verão sua oferta também.

A alternativa ao domínio é a afiliação

Algumas pessoas ganham status sem ter um poço de petróleo ou uma fábrica. Outras são capazes de obter o mesmo status ao permitir a passagem ou ao fechar outro motorista no trânsito.

Esse é o status que vem da comunidade. É aquele que vem do respeito em troca de contribuição, de cuidado, de visão e de estar em sincronia com os outros. Especialmente com aqueles que não são capazes de lhe retribuir.

A sociedade moderna, a sociedade urbana, a sociedade da internet, das artes e da inovação são todas construídas principalmente através da afiliação, não do domínio.

Esse tipo de status não é o que leva a pensar "sou melhor". É o que transmite: "Estou conectado. Sou da família." E em uma economia baseada em conexão, e não na manufatura, ser um membro confiável da família é inestimável.

A moda é geralmente sobre afiliação

O que eles estão mostrando na passarela? O que todo mundo está fazendo? Como será a próxima estação?

Em mercados competitivos, há uma corrida para ser a voz dominante, mas entre os clientes que compõem esse mercado, a posição de líder funciona porque os clientes desejam se afiliar uns aos outros.

O líder fornece um sinal valioso, um aviso para esperar que todos os outros estejam em sincronia. O objetivo não é vencer; é fazer parte do grupo.

Enviando sinais de domínio

A Uber construiu sua marca no domínio. Os primeiros anos de sua implantação foram marcados por relacionamentos contenciosos com governos locais, concorrentes e motoristas. Essa sinalização alinhou--se com a visão de alguns investidores, funcionários e usuários e os permitiu ampliar sua história e como ela era contada. Há clientes, parceiros e funcionários que responderão melhor a uma narrativa de ganhos e perdas.

Para que tipo de empresa você quer trabalhar? As pessoas que se alinham a uma cosmovisão geralmente têm dificuldade de imaginar por que alguém escolheria a outra opção.

Enviando sinais de afiliação

Os profissionais de marketing gastam uma quantidade enorme de tempo e dinheiro na simples tarefa de enviar sinais de afiliação. O estande da feira está cheio? Quem mais está na festa de lançamen-

STATUS, DOMÍNIO E AFILIAÇÃO **141**

to? Quem divulgou o livro? As "pessoas" estão falando sobre isso (o que é uma abreviação para "As pessoas como nós estão fazendo algo assim?")?

A afiliação não é tão focada na escassez quanto o domínio, porque a afiliação admira o efeito de rede. Mais afiliação leva à afiliação de todos os envolvidos. A abundância é bem-vinda.

O profissional de marketing afiliado que procura alavancagem trabalha para preparar a engrenagem, enviando os sinais certos para as pessoas certas, em busca de um efeito em cascata. Para um banco de investimento, isso significa exibir os anúncios com os nomes de todas as empresas "certas" na parte inferior. Para um vendedor *business-to-business*, significa criar referências. Para um artesão local, é questão de fixar-se em um único bairro até que uma reputação seja garantida.

O domínio é uma experiência vertical, para cima ou para baixo. A afiliação é horizontal: quem está ao meu lado?

A afiliação ou o domínio dependem do cliente, não de você

Você vê o mundo em termos de vencedores e perdedores? Para cima e para baixo? Ou é mais sobre as pessoas que estão dentro e as que estão fora, em sincronia, sendo parte de um movimento?

A maneira como *você* vê o mundo não é tão importante quanto a cosmovisão daqueles que você procura servir.

Como vimos, a cosmovisão deles é sempre mais forte do que a história que você escolhe contar. As pessoas que procuramos servir são movidas por pensamentos e emoções diferentes das suas.

➤ CAPÍTULO DOZE ◄

Um Plano de Negócios Melhor

Aonde você está indo? O que está lhe segurando?

Não está claro para mim por que os planos de negócios são do jeito que são, mas eles geralmente são mal utilizados para ofuscar, aborrecer e demonstrar a capacidade de atender às expectativas. Se quero saber a verdade sobre um negócio e aonde está indo, é preferível ver um documento mais útil. Eu dividiria o plano de negócios moderno em cinco seções:

Verdade	Pessoas
Asserções	Dinheiro
Alternativas	

A seção da verdade descreve o mundo como ele é. Use notas de rodapé se quiser, mas discorra sobre o mercado em que você está entrando, as necessidades existentes, os concorrentes em seu espaço, os padrões de tecnologia e como os outros tiveram sucessos e fracassos no passado. Quanto mais específico, melhor. Quanto mais conhecimento básico, melhor. Quanto mais viscerais as histórias, melhor. O foco desta seção é ter certeza de que você entenda claramente sua cosmovisão, e que ambos concordemos com suas suposições. Esta seção não é partidária — não tem posições; apenas indica como as coisas são.

A verdade pode levar o tempo que você precisar para contá-la. Pode incluir planilhas, análise de participação de mercado e qualquer outra coisa que eu precise saber sobre como o mundo funciona.

A seção de asserções é sua chance de descrever como você vai mudar as coisas. Faremos X, e então Y acontecerá. Construiremos Z com esta quantia de dinheiro, neste prazo. Apresentaremos Q ao mercado e o mercado responderá tomando esta ação.

Você está criando tensão ao contar histórias. Seu serviço é a um mercado específico. Você está esperando que algo aconteça por causa de sua chegada. O quê?

Este é o centro do plano de negócios moderno. A única razão para lançar um projeto é fazer mudanças, melhorar as coisas, e queremos saber o que você fará e o impacto que isso terá.

Claro, esta seção será imprecisa. Há asserções que não darão certo. Você errará orçamentos, prazos e vendas. Então, a seção de alternativas me diz o que você fará se isso acontecer. Quanta flexibilidade seu produto ou equipe tem? Se suas afirmações não derem certo, está tudo acabado?

A seção de pessoas destaca corretamente o elemento-chave: quem já está e quem se juntará ao seu time. "Quem" não quer dizer currículos; são as atitudes, habilidades e histórico de entrega.

Você pode ir além aqui. Quem são as pessoas que você está servindo? Quem são as vencedoras? O que elas acreditam sobre o status? Qual é a cosmovisão delas?

A última seção é sobre dinheiro. De quanto você precisa, como vai gastá-lo, como é o fluxo de caixa, lucros e perdas, balanço, margens e estratégias de saída.

Seu financiador de capital de risco pode não gostar desse formato, mas aposto que isso ajudará sua equipe a analisar os problemas mais difíceis com mais clareza.

Talvez você tenha visto a mudança

Quando abriu este livro, você provavelmente disse: "Tenho um produto e preciso que mais pessoas o comprem. Tenho um problema de marketing."

Com tudo que sabe até agora, espero que entenda a natureza industrialista/egoísta dessa afirmação. O objetivo de nossa cultura não é empoderar o capitalismo, nem os capitalistas que pagam suas contas. O objetivo do capitalismo é construir nossa cultura.

Quando você adota uma postura de serviço, de se envolver com a cultura para fazer mudanças, acontece a mudança.

Agora, em vez de perguntar: "Como posso fazer com que mais pessoas me ouçam, como posso divulgar, encontrar mais seguidores, converter mais leads em vendas, encontrar mais clientes, pagar a minha equipe...?", você pode perguntar: "Qual mudança procuro fazer?"

Quando você sabe o que representa, o resto fica muito mais fácil.

Uma engenharia inversa superficial de sua declaração de missão não ajuda

Vezes demais ficamos presos ao nosso propósito, nosso porquê, nossa razão de ser. E, frequentemente, esse propósito é simplesmente uma maneira reversa de dizer: "Gostaria de vender mais do que já decidi vender."

Na minha experiência, a maioria dos profissionais de marketing realmente tem o mesmo "propósito": ser bem-sucedido. Se envolver com as pessoas de uma forma que beneficie ambos os lados. Ser respeitado, visto e apreciado. Obter lucro suficiente para fazer isso novamente.

Esse é o seu porquê, é por isso que você trabalhará.

Entendido, certo?

Mas um plano de negócios melhor aceita essa necessidade universal e a torna específica — descrevendo para quem e para que serve. Ele descreve a tensão que você procura criar, as funções de status com as quais está envolvido e a história que está apresentando e que fará a mudança acontecer.

Esse não é o seu propósito. Nem a sua missão. É simplesmente o que você faz.

Se isso não funcionar, tudo bem. Não significa que você não tem um propósito, ou que seu "porquê" está condenado. Apenas significa que descartou mais um caminho em sua busca por relevância.

E agora você pode buscar um novo.

» CAPÍTULO TREZE «

Semiótica, Símbolos e Vernáculo

Consegue me ouvir agora?

Nós nos comunicamos por símbolos. As letras "C-A-R-R-O" não são um ícone ou uma foto de um carro. Elas são um símbolo estático que, se você souber português, evocam a lembrança de um carro.

A Nike gastou bilhões de dólares para ensinar a milhões de pessoas que o *swoosh*, nome do logotipo da empresa, é um símbolo da possibilidade e realização humana, assim como de status e desempenho.

E, se você for um designer, a fonte Comic Sans é um símbolo de mau gosto, baixo status e preguiça.

Os profissionais de marketing têm a humildade de entender que nem todos veem um símbolo da mesma forma, a consciência de usar o símbolo certo para o público certo e a coragem de inventar novos símbolos para substituírem os antigos.

Há 100 anos, a semiótica estava no começo. Não era algo feito por um bilhão de pessoas por dia, todos os dias, ao vendermos uns aos outros online. Agora, nossa capacidade de fazer isso com intenção (ou com intuição ingênua) pode fazer a diferença entre sucesso e fracasso.

Isso o faz lembrar de quê?

Pessoas ocupadas (aquele tipo de pessoa que você procura mudar) não se importam com o seu trabalho tanto quanto você. Elas não são tão atualizadas quanto você, tão cientes do cenário competitivo ou do drama nos bastidores.

Olhamos rapidamente em vez de estudar.

E quando olhamos rapidamente, perguntamos: "Isso me faz lembrar do quê?"

Isso significa que o logotipo que você usa, as histórias que conta e a aparência do seu trabalho são importantes. Suas palavras repercutem em nós, não apenas por causa do que elas significam, mas por causa de como elas soam e como você as usa.

E não é apenas o material. É até a maneira como sua empresa se apresenta em uma locação externa.

Se a sala nos faz lembrar da cantina do ensino médio, agiremos de acordo. Se for um monte de mesas redondas para um jantar casual, sabemos como agir. E se houver fileira após fileira de cadeiras de hotel em linhas retas, sabemos que devemos nos sentar e olhar compenetrados.

Não nos importamos com você ou com o quanto trabalhou no projeto. Queremos saber se é adequado às nossas necessidades e se você é confiável.

SEMIÓTICA, SÍMBOLOS E VERNÁCULO **149**

Isso é semiótica. Bandeiras e símbolos, atalhos e abreviações.

A iluminação em um show de rock em uma arena muda a maneira que percebemos a música? Talvez sim, porque nos lembra de que estamos em um show de rock em uma arena.

Quando seguramos um jornal, a sensação é diferente de segurar um tablet, uma revista em quadrinhos ou uma Bíblia. A forma muda o som das palavras.

Uma barra de chocolate tem uma aparência totalmente diferente de uma droga quimioterápica.

Quando entramos em um consultório médico que nos faz lembrar de um consultório de um cirurgião, lembramos de como esse cirurgião nos ajudou... mesmo que agora estejamos em um consultório de um quiropata.

Quando pegamos um livro que parece que foi publicado de forma independente, o tratamos de maneira diferente do livro que nos lembra um clássico que lemos no ensino médio.

Quando recebemos um telefonema e ouvimos ruídos e pausas antes que o estranho comece a falar, nos lembramos de todas as ligações de robôs e spams que recebemos e desligamos antes mesmo de o interlocutor dizer uma palavra.

E quando o site foi projetado com GeoCities e GIFs piscando...

Se você me fizer lembrar de uma fraude, levará muito tempo para desfazer essa impressão inicial. É exatamente por isso que tantos logotipos de grandes empresas parecem iguais. Não é por preguiça, os designers estão tentando evocar a lembrança de uma empresa sólida.

Esse é o trabalho de "isso me faz lembrar". Você pode fazer isso com intenção.

Contratando um profissional

A internet está repleta de sites, e-mails e vídeos feitos por amadores. Amadores que fizeram algo que gostaram.

E tudo bem.

Mas quando você contrata um profissional, ele projeta algo para que outras pessoas gostem. Ele cria uma aparência que faz as pessoas se lembrarem de seu tipo de mágica.

Não há uma aparência profissional nem uma resposta certa. Um sucesso de bilheteria se revela em quatro quadros de filme — claramente não se trata de um vídeo do YouTube de uma blogueira de maquiagem adolescente.

De vez em quando, o amador encontra uma linguagem que faz as pessoas certas se lembrarem da história certa. O resto do tempo, é melhor fazer tudo com intenção.

Imagine esse mundo...

Don LaFontaine fez mais de 5 mil locuções de filmes e programas de TV. Não porque era mais talentoso do que qualquer outro narrador ou porque era o mais barato. Mas porque sua voz tinha peso, e se um chefe de estúdio quisesse fazer o público se lembrar de um filme de grande audiência, ele era capaz de fazer isso, precisamente porque fazia as pessoas se lembrarem de um trabalho anterior dele.

É importante recordar que não importa do que você, o profissional de marketing que criou isso, se lembra. A semiótica não se importa com quem criou o símbolo. O símbolo está na mente do observador.

E é ainda mais importante recordar que não há uma resposta certa. O símbolo que funciona para um grupo não funciona para outro. No Vale do Silício, o moletom com capuz é um símbolo de status (estou muito ocupado para comprar roupas). No entanto, em um contexto diferente, para um público diferente, uma pessoa vestindo uma peça idêntica em East London poderia colocar alguém em alerta, em vez de tranquilizar.

Por que o spam do nigeriano é tão desleixado?

Se você recebeu um e-mail de um príncipe oferecendo-se para dividir milhões de dólares com você, é capaz que tenha notado todos os erros de ortografia e outras pistas reveladoras de que aquilo não poderia ser real.

Por que esses golpistas sofisticados cometeriam um erro tão óbvio?

Porque não é para você. Porque eles estão enviando um sinal para pessoas céticas, cuidadosas e bem informadas: caia fora.

O objetivo do e-mail é enviar um sinal. Um sinal para os gananciosos e crédulos. Porque envolver outro tipo de pessoa no processo apenas desperdiça o tempo do golpista. Eles preferem perder a "vítima" no começo do que investir nela e perder no final.

Os detalhes em SUVs são chamados de para-lamas

Em 2018, quanto mais caro fosse um carro, mais provável é que tivesse para-lamas ligeiramente exagerados ao redor das rodas.

Esses para-lamas são mais fáceis de fazer do que costumavam ser (são robôs dobrando o aço), mas continuam sendo significativos. Uma mensagem sobre o status do carro e de seu motorista.

Eles não têm qualquer função real. O para-lama fica a mais de 15cm de distância da roda. Mas eles permanecem.

E, no mercado de acessórios, você pode pagar mais por um pa-ra-lama ainda maior, uma espécie cirurgia estética para seu carro.

Mas se exagerar, seu status despencará entre a maioria dos espectadores, e não o contrário. Assim como acontece com a cirurgia plástica.

O Cadillac XTS vai ainda mais longe. Há uma pequena cobertura sobre cada lanterna traseira. Mais uma vez, sem qualquer finalidade, exceto evocar em algumas pessoas, apenas algumas, a lembrança do Batmóvel (ou do Lincoln Futura 1955).

Esses detalhes de status estão em toda parte.

Alex Peck aponta que as luvas de condução têm um grande buraco na parte traseira. Por quê? Talvez seja resquício de quando homens usavam relógios grandes, e a luva precisava de um buraco para o relógio ter um lugar para passar.

Com o tempo, deixamos de nos importar com o relógio grande, e mantivemos o buraco. É um símbolo.

Esses resquícios de utilidades tornaram-se símbolos, e assim que um símbolo se torna bem conhecido (como os minúsculos detalhes em uma bolsa Hermès), ele é rapidamente copiado, manipulado e espalhado, até que deixa de ser raro e se torna meramente um sinal da mudança de gosto.

Qual é o seu detalhe? Por que alguém faria questão de tê-lo?

O detalhe não é para todos

Vale a pena reafirmar que o menor mercado viável lhe dá a liberdade de escolher aqueles a quem pretende servir, e essas pessoas estão buscando um determinado símbolo. É provável que, se você escolheu bem o mercado, o símbolo que elas procuram seja bem diferente do que um que funcionaria para um público maior.

SEMIÓTICA, SÍMBOLOS E VERNÁCULO 153

Há um paradoxo aqui. Se quisermos fazer mudanças, precisamos assumir a dianteira, desviando de um penhasco aqui outro ali. Mas muitas vezes, essa novidade faz as pessoas (algumas) se lembrarem de um evento passado que deu errado. Começamos servindo ao público que se identifica com nossa oferta, porque é o único que nos dará uma chance.

Crie um sinal que nos faça recordar algo em que já confiamos e depois altere-o apenas o suficiente para nos informar que é novo, e ele será todo seu.

O mesmo e o diferente

A maioria dos anúncios de carros é parecida. Isso porque a mesmice envia um sinal sobre o carro que vale a pena considerar, como uma alternativa segura para um investimento tão grande.

Os anúncios de moda da *Vogue* não se parecem com os anúncios da *Field & Stream* ou da *Sports Illustrated*. Por quê? A linguagem importa. Você não é alguém como nós se não fala (falar significa usa as mesmas fontes, estilos de foto, reprodução) da maneira que esperamos que fale.

É isso que um bom designer oferece, a chance de se encaixar. E, às vezes, você pode optar por contratar um ótimo designer. Alguém capaz de superar a expectativa e falar de forma diferente, mas não tão diferente que sua mensagem deixe de alcançar as pessoas com os quais procura se conectar.

Quando a lenda do marketing, Lee Clow, pegou as imagens do livro *1984* de George Orwell para criar o mais icônico comercial de TV de todos os tempos, quase ninguém que assistiu aos comerciais da Apple no Super Bowl entendeu todas as referências. (Certamente, essas pessoas leram o livro no ensino médio, mas se você quiser impactar 100 milhões de fãs de esporte que bebem cerveja, um livro obrigatório do colégio não é um bom lugar para começar.) Mas os apresentadores de TV conhecedores da mídia entenderam instantaneamente, morderam a isca e falaram sobre isso. E os nerds também, e ansiosamente correram na frente.

A lição: a equipe de anúncios da Apple só precisava se importar com 1 milhão de pessoas. E, assim, enviou um sinal para esse público específico e ignorou todos os outros.

Foram necessários 30 anos para a ideia se espalhar de 1 milhão para todos, 30 anos para construir centenas de bilhões de dólares de valor de mercado. Mas isso aconteceu por causa do uso brilhante da semiótica, e não pela tecnologia. A cada momento, a Apple enviava sinais, através de palavras, fontes e design suficientemente exagerados para que as pessoas certas ouvissem a mensagem.

Estudo de caso: Onde está Keith?

Nem todas as semióticas são benignas. Quando Penelope Gazin e Kate Dwyer começaram o site Witchsy.com, tiveram problemas para receber resposta para seus e-mails. Elas criaram um terceiro sócio, um cara fictício chamado Keith, deram a ele um endereço de e-mail e fingiam que ele enviava e participava das conversas eletrônicas.

Essa simples mudança expôs uma lacuna vergonhosa em como nossa sociedade trata mulheres e homens. Os e-mails de "Keith" eram rapidamente respondidos. Fornecedores, desenvolvedores e potenciais parceiros eram mais propensos a responder a Keith, tratando-o pelo nome e sendo muito mais prestativos, eles relataram à *Fast Company*.

Estamos sempre julgando tudo e todos, e as pessoas fazem o mesmo conosco. Muitas vezes, esses julgamentos são tendenciosos, incorretos e ineficazes, mas negá-los não os faz desaparecer.

O profissional de marketing pode usar símbolos para obter confiança e aderência, ou descobrir que esses símbolos funcionam na direção oposta. Para mudar a cultura, não temos escolha a não ser reconhecer a cultura que procuramos mudar.

Isso não significa desistir, se encaixar ou deixar de desafiar as injustiças. Mas exige que concentremos nossas histórias e símbolos com intenção. Para quem é? Para que é?

Adicionamos os detalhes com intenção

Os detalhes semióticos que escolhemos usar dependem de nós para serem usados. Não usar um é tão intencional quanto fazê-lo.

As pessoas a quem procura servir estão tentando descobrir quem você é. Se pretende aparecer no mundo delas, torne mais fácil para elas perceberem quem você é e onde está.

A coisa preguiçosa a fazer é insistir que você não precisa de um detalhe diferencial (ou um distintivo), que não precisa aceitar e concordar com as alegorias culturais que vieram antes e nem usar um uniforme.

A coisa tola a fazer é fingir que suas características são tão boas que nada mais importa.

Algo mais sempre importa.

As marcas são para o gado?

Qual é a sua marca?

Dica: não é o seu logotipo.

Em um mundo superpovoado, com muitas opções (mais de 20 tipos de toner para escolher para a minha impressora a laser, e mais de 19 mil combinações de bebidas na Starbucks) e praticamente tudo se encaixando na categoria do "bom o suficiente", se você tiver uma marca, você é sortudo.

Uma marca é uma abreviação das expectativas do cliente. Que promessa ele acha que você está fazendo? O que ele espera quando compra de você, passa a lhe conhecer ou o contrata?

Essa promessa é sua marca.

A Nike não tem um hotel. Se tivesse, você provavelmente teria algumas boas suposições sobre como seria. Essa é a marca da Nike.

Se você tem fãs verdadeiros, a única razão é porque esse grupo criou uma conexão de uma forma que indica que esperam de você algo que valha a pena na próxima vez. Essa expectativa não é específica; é emocional.

Uma commodity, por outro lado, não tem marca. Se compro trigo por tonelada, café por quilo, ou internet por GB, não tenho expectativa alguma além da especificação. Ofereça-me exatamente o que recebi ontem, mais rápido e mais barato, e pagarei por isso.

Como sabemos que marcas como Verizon e AT&T são essencialmente sem valor? Porque se trocássemos alguém de uma para a outra, essa pessoa não se importaria.

Se quiser criar um ativo de marketing, precisará investir em conexões e outras propriedades não transferíveis. *Se as pessoas se importam, você tem uma marca.*

Seu logotipo importa?

Importa menos do que o seu designer deseja, porém mais do que seu comitê consultivo percebe.

Se uma marca é a nossa abreviação mental para a promessa que você faz, então um logotipo é o lembrete dessa promessa. Sem uma marca, um logotipo não tem sentido.

Eis um exercício simples:

Faça uma lista de cinco logos que você admira. Como consumidor de design, desenhe ou recorte e junte cinco logotipos bem feitos.

Fez isso?

Certo, aqui está minha previsão: cada um representa uma marca que você admira.

Quase ninguém escolhe uma suástica ou o símbolo do banco que os roubou. Isso porque os logos estão tão imersos na promessa da marca que os imbuímos de todos os poderes da marca, ignorando os pixels envolvidos.

Sim, é possível que um logotipo horroroso adorne uma marca fabulosa (lembra da sereia estranha?). Muitas das melhores marcas não possuem um logotipo identificável ou memorável (Google, Sephora e Costco vêm à mente). E, claro, uma rápida olhada na sua lista de logos em fonte Helvetica mostra que a maioria das marcas nem se importa:

Não, você não deveria ser desleixado ou descuidado. Não, você não deve escolher um logotipo que ofenda ou distraia as pessoas. Sim, você deve escolher um logotipo que funcione em diferentes tamanhos e em diferentes mídias.

Mas principalmente... escolha um logotipo, sem gastar muito dinheiro nem fazer reuniões intermináveis sobre isso, e mantenha-o pelo mesmo tempo que você mantiver seu primeiro nome.

CAPITULO QUATORZE

Trate Pessoas Diferentes de Forma Diferente

Em busca dos neófilos

Em qualquer grupo de 100 pessoas, escolha uma medida (altura, peso, QI, comprimento do cabelo, velocidade em uma corrida de 50m, número de amigos do Facebook) e você descobrirá um número significativo aglomerado em torno da média.

Cerca de 68 das 100 pessoas estarão próximas da média. Outras 27 estarão significativamente mais distantes e 4 estarão nos extremos atípicos.

Isso acontece com frequência suficiente para chamarmos de desvio-padrão.

E isso é especialmente verdadeiro para o comportamento humano.

Everett Rogers demonstrou que quando se trata de estilo, tecnologia ou inovações, a maioria das pessoas gosta do que tem. Elas querem fazer o que os outros estão fazendo e não estão buscando ativamente por novidades.

Algumas pessoas, no entanto, os 15 ou 16 indivíduos do lado esquerdo da curva no gráfico a seguir, são neófilos. São os adotantes iniciais. Elas querem o melhor, o inteligente, o inovador. Elas esperarão na fila para estar na estreia de um filme, atualizarão seu sistema operacional imediatamente, e lerão a revista *Vogue* por causa dos anúncios.

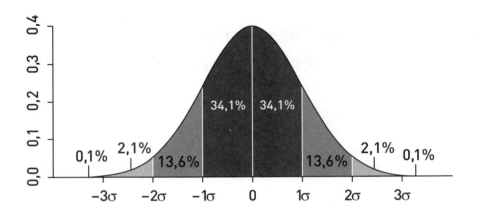

Desvios-padrão: as porcentagens indicam qual percentual da população medida está em cada segmento. Por exemplo, 34,1% da população está dentro de um desvio-padrão abaixo da média.

E um número igual de pessoas, aquelas do lado direito da curva, defenderá seu status quo até o fim dos tempos. Elas ainda leem a *Seleções* e usam videocassete.

Bons profissionais de marketing têm a humildade de entender que você não deve perder um minuto (não do seu tempo ou do tempo deles) com alguém que não esteja no lado esquerdo da curva.

Se alguém estiver satisfeito com o que tem, é improvável que você tenha tempo ou dinheiro para alcançá-lo diretamente e fazê-lo ficar insatisfeito — isto é, suficientemente interessado e aberto para mudar e tornar-se um cliente.

Não é para eles. Agora não.

Com persistência e inteligência, você talvez chegue a essas pessoas. Um dia. Horizontalmente. De pessoa para pessoa. Através da mídia conquistada. Mas não agora.

É pelos neófilos, as pessoas com um problema que você pode resolver agora (novidade, tensão e a busca incessante por melhorias), que você deve começar.

Aderência

Não existe educação obrigatória. É quase impossível ensinar as pessoas contra sua vontade.

A alternativa é a educação voluntária: ganhar aderência.

Pedimos às pessoas que ansiosamente nos deem atenção. A promessa é que o esforço valerá a pena porque, em troca, conseguirão o insight ou o movimento à frente que desejam.

Aderência é o que você precisa para ter a permissão de engajamento.

A aderência são as mãos levantadas, olhos no quadro, anotações sendo tomadas. Ela é o primeiro passo de uma jornada em que você aprende com o cliente e ele, com você.

A aderência é mútua, consensual e geralmente leva a mudanças.

Profissionais de marketing preguiçosos tentam comprar aderência com anúncios chamativos. Os melhores profissionais de marketing ganham aderência buscando pessoas que desejam a mudança oferecida. E eles fazem isso conectando pessoas a outras pessoas que também desejam a mudança.

E essa mudança é precisamente o que os profissionais de marketing procuram.

O que as pessoas querem?

Essa é provavelmente a pergunta errada.

Pessoas diferentes querem coisas diferentes.

Os neófilos querem ser pioneiros, querem esperança, possibilidade e magia. Eles querem a emoção de ver a coisa funcionando e o risco de que isso não aconteça. Querem o prazer de mostrar sua inovação para o resto da equipe. E querem a satisfação de fazer o trabalho de forma mais rápida e melhor, bem como a antecipação de serem recompensados por sua inovação e produtividade.

Por outro lado, a típica engrenagem corporativa quer evitar problemas com o chefe. E se o problema acontecer, quer um álibi perfeito e uma ótima maneira de evitar a responsabilidade.

O explorador social quer um vislumbre de esperança e a chance de acertar as coisas.

A pessoa que mede o domínio em vez da afiliação quer ganhar. Se não for possível ganhar, pode estar disposta a contentar-se em ver seu oponente perder.

O membro da tribo em busca de afiliação quer se encaixar, estar em sincronia, sentir o prazer de vivenciar a experiência de *pessoas como nós fazem coisas assim* sem o risco de ser escolhido como líder.

Algumas pessoas querem responsabilidade, enquanto outras procuram ser reconhecidas. Alguns daqueles que você procura servir querem um bom desconto, enquanto outros querem pagar a mais, para provar que podem.

Quase ninguém quer se sentir idiota.

Mais e mais pessoas foram seduzidas pela promessa de conveniência, para não precisar prestar atenção ou fazer julgamentos. Outras sentem-se vazias quando não conseguem contribuir com esforço.

A lição: sempre questione, teste, esteja sempre disposto a tratar pessoas diferentes de maneira diferente. Se você não fizer isso, elas encontrarão alguém que faça.

O superusuário

Alguns clientes valem mais do que outros.

Você certamente já ouviu as histórias de restaurantes que mantêm uma foto do crítico de restaurantes local na parede da cozinha. A ideia é que, ao conseguir identificar o crítico logo no início da refeição, poderá aumentar a qualidade da experiência e obter uma avaliação melhor.

Se conseguir fazer isso, o esforço pode valer a pena.

A questão é, todos são críticos de restaurante agora. Todos podem postar no Yelp ou compartilhar a experiência com outras pessoas. E, assim, segundo esse raciocínio, você precisa tratar a todos melhor, porque todos têm mais poder.

A matemática aqui não se sustenta. Tratar todos melhor é meio que tratar todos pior — considerando seus recursos, você não pode tratar a todos melhor do que já faz. Mas pode buscar um novo normal e perceber que, embora todos tenham uma plataforma, nem todos a usam.

Embora todos *possam* ser neófilos, propagadores, usuários avançados, contribuintes significativos, nem todos aproveitam essa oportunidade.

Você pode aprender muito sobre as pessoas observando como se comportam. E quando encontrar alguém disposto a adotar sua causa, retribua. Quando encontrar alguém ansioso para falar sobre o que você faz, dê a essa pessoa algo sobre o que falar. Ao encontrar uma pessoa ansiosa para se tornar uma líder generosa, ofereça a ela os recursos para liderar.

Nós temos as alavancas tecnológicas para tratar diferentes pessoas de forma diferente, se quisermos, mas precisamos observar e ouvir para descobrir o que e a quem oferecer.

A verdade sobre a contribuição do cliente

Custa dinheiro ao mercado.

Exige dinheiro usar um terno na reunião, ter uma fachada, desenvolver novos softwares, manter seus itens em estoque, exibir anúncios, pagar por publicidade e uma centena de outras coisas.

Esses são todos custos fixos, espalhados por toda a base de clientes.

Se você fizer as contas, o resultado será assim:

A linha pontilhada é o valor que gastou por pessoa em marketing. E as barras indicam quanto de margem bruta você ganhou de cada cliente.

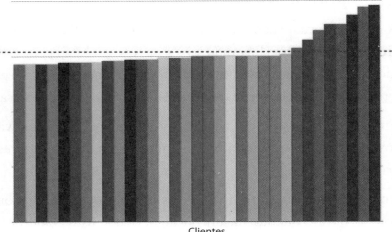

Clientes

O que significa que apenas oito dos clientes desse gráfico realmente proporcionaram lucro para o seu projeto.

A teoria por trás desse gráfico é verdadeira para compradores de livros, frequentadores de restaurantes, doadores políticos, filantropos, colecionadores de selos e praticamente qualquer setor em que alguns clientes gastam mais do que outros.

Quando você pergunta "Para quem é?", a resposta precisa ser "Para o tipo de cliente que contribuirá de uma forma que nos permita continuar."

Você servirá muitas pessoas. Obterá lucros com algumas.

As baleias pagam pelos peixes pequenos.

Isso pode funcionar. Mas, para fazer o seu melhor trabalho, você precisará procurar e encantar os poucos. E, em troca, será recompensado com um grupo de clientes fiéis que oferecerão sua total adesão.

Qual é o objetivo dessa interação?

Penso no cliente valioso que entra em contato com o serviço de atendimento ao cliente sobre um problema.

Como sabemos se ele é valioso? Bem, o pessoal de atendimento ao cliente tem um registro de quem está escrevendo ou ligando, então começamos por aí. Uma pesquisa rápida mostra que essa pessoa é cliente há muitos anos, tem muito dinheiro em seu banco, posta sobre você no Twitter, nunca devolve itens, paga no prazo, compra seus itens de alta margem e assim por diante.

Na verdade, se você fizer as contas, verá que ele produz oito vezes a receita do cliente médio e, ao contrário das massas anônimas que lhe custam dinheiro, é um dos poucos que gera a renda que realmente dá lucro.

Nada disso seria uma inovação se estivéssemos falando de um freelancer com seis clientes. Quando o cliente grande liga, o freelancer sabe imediatamente o que está acontecendo.

Mas estamos falando de sua instituição financeira, em que a pessoa menos respeitada e com o menor salário é quem atende os telefonemas dos clientes. Ou sua loja de varejo, onde a mesma coisa acontece.

Nesse momento, então, quando o telefone toca, para que serve a interação?

Se o objetivo for acabar com isso, tirar a pessoa do telefone, negar a responsabilidade, ler o roteiro, usar palavras como "conforme declarado" e "nossa política", então, por favor, continue assim e veja tudo desmoronar.

Por outro lado, o custo de ser humano nesta situação é facilmente coberto pelo lado positivo de encantar um cliente extraordinário.

Entre no seu carro, atravesse a cidade e esteja presente. Fale sobre isso cara a cara.

Corra para a FedEx e receba a remessa na última coleta do dia. A surpresa e a satisfação fazem milagres.

Peça ao CEO que atenda o telefone e ligue para o cliente que recebeu uma cobrança indevida. Levará alguns minutos, e valerá a pena.

Sei que isso não pode ser feito com todos os clientes, mas você pode aprender a observar e agir de acordo.

» CAPÍTULO QUINZE «

Alcançando as Pessoas Certas

Objetivos, estratégia e táticas

Uma breve observação antes de nos aprofundarmos em mais táticas.

As táticas são fáceis de entender porque podemos listá-las. Você usa uma tática ou não.

A estratégia é mais amorfa. É o guarda-chuva sobre suas táticas, o trabalho que as táticas procuram apoiar.

E seu objetivo é o que você aposta que acontecerá se sua estratégia funcionar.

Se contar suas táticas ao seu concorrente, ele vai roubá-las e isso custará caro.

Mas se você contar a ele sua estratégia, não fará diferença. Porque ele não tem a coragem ou persistência para transformar a sua estratégia na dele.

Seu objetivo é a mudança que procura fazer no mundo. Pode ser o objetivo autocentrado de ganhar dinheiro, mas é mais provável que seja a mudança que pretende fazer naqueles a quem você serve.

O objetivo é a sua estrela-guia, o destino inabalável do seu trabalho.

Sua estratégia é a maneira duradoura de investir para alcançar esse objetivo. Ela está acima das táticas, pode ser ganhar confiança e atenção, pode ser vista como a melhor e, talvez, a única alternativa. Uma estratégia pode significar ter alianças e parcerias que permitam que você e sua mensagem alcancem exatamente as pessoas certas.

A forma como você usa histórias, status e conexão para criar tensão e o movimento adiante é uma estratégia.

Uma estratégia, se bem-sucedida, aproxima você do seu objetivo. Talvez seja necessário alterá-la em caso de falha, mas é melhor não fazer isso com frequência.

E as táticas? As táticas são as dezenas ou centenas de passos que dará em nome da sua estratégia. Se uma tática falhar, tudo bem, porque outra pode entrar em seu lugar e apoiar a estratégia que você tem em mente.

É possível mudar de tática assim que decidir que ela não está mais o ajudando a alcançar sua estratégia.

Durante muito tempo, a Coca-Cola teve um objetivo simples: fazer mais pessoas beberem mais Coca-Cola. Sua estratégia era publicar um número enorme de anúncios para convencer o mercado de massa de que a Coca-Cola fazia parte da cultura que os fazia felizes — e que todo mundo também estava bebendo Coca-Cola. E os anúncios continuavam mudando, porque o conteúdo do anúncio era uma tática.

O objetivo da Patagônia é fazer com que um pequeno grupo de entusiastas de atividades ao ar livre se preocupe com o meio ambiente e expresse esse cuidado usando roupas da Patagônia. Em suas palavras: "São todos esportes silenciosos. Nenhum requer um motor; nenhum faz a multidão vibrar. Em cada esporte, a recompensa vem na forma da graça duramente conquistada e de momentos de conexão entre nós e a natureza."

Sua estratégia é redefinir o pensamento de algumas pessoas sobre o impacto ambiental, tal como a qualidade do vestuário. Dar a esse pequeno grupo um rótulo e uma ferramenta que possam usar para propagar sua visão para seus amigos. Criar a distinção entre os de dentro e os de fora.

E suas táticas vão desde encontrar novas maneiras de reciclar roupas, lojas em prédios de tijolos à vista, até as escolhas sobre os materiais, a seleção e o preço. Quando uma tática falha, eles não abandonam sua estratégia, que é a mesma há mais de 30 anos.

A publicidade é um caso especial, um mecanismo opcional para o crescimento

Empresas de mídia, de telecomunicações e serviços de entrega ganham dinheiro fazendo a mesma coisa: vendendo a atenção daqueles a quem ostensivamente servem.

Você pode comprar um anúncio em uma revista, em uma rede online ou fazer propagandas em selos postais. Nos três casos, poderá alcançar/interromper/educar/engajar todas as pessoas prometidas pelo intermediário. Qualquer pessoa com um selo pode enviar uma carta.

Não é preciso conquistar essa atenção, pois você pode comprá-la.

Você não é mais a pessoa de fora; agora é o cliente. Tem dinheiro e pode usá-lo para comprar atenção, sempre que quiser, na quantidade que puder.

Eis a boa notícia: quando encontra uma abordagem de anúncio que funciona, sempre é possível ampliá-la. Isso pode ser feito com rapidez e precisão.

E provavelmente adivinhou a má notícia: não é fácil encontrar uma abordagem de anúncio que funcione.

Isso não significa que você não deva tentar, mas é preciso ser claro sobre o que está fazendo e por quê.

Um anúncio, sem ser percebido, não existe.

Um anúncio percebido é notado por algumas pessoas, não por todas. E, se for percebido pelas pessoas certas, cria tensão. A tensão de não saber e de precisar saber mais. A tensão de ser deixado para trás. A tensão de que as coisas podem melhorar (ou piorar).

Quase todos os comerciais na TV são simplesmente um ruído semiótico, reassegurando ao espectador ("Como Visto na TV") que esta é uma marca segura, uma marca que você e seus colegas conhecem, uma marca que pode se dar ao luxo de aparecer na TV.

Esse é um ônus que grandes empresas em mercados competitivos precisam pagar. Mas não é o tipo de marketing realista para ser considerado para qualquer outra pessoa.

Mais do que nunca, porém menos que nunca

Mais organizações veiculam anúncios atualmente do que em qualquer outro momento da história. Se você já clicou no botão "impulsionar" no Facebook, está pagando para fazer parte do negócio de anúncios.

Nunca foi tão fácil ou barato gastar dinheiro para divulgar. Você pode pagar ao LinkedIn pelo privilégio de enviar um e-mail para alguém importante. Pode começar exibindo anúncios online gratuitos para sua organização sem fins lucrativos, promover facilmente sua conferência ou a venda de doces para arrecadar fundos para uma causa.

Existem três elementos para a magia da publicidade online:

1. Você pode alcançar pessoas com mais precisão online do que em qualquer outro meio. Usando não apenas dados demográficos como também psicográficos sobre suas crenças e aspirações.

2. Você pode alcançar pessoas instantaneamente. Pode escolher veicular um anúncio às 10h e alcançar as pessoas a partir das 10h01.

3. É possível medir tudo.

Já que a publicidade está mais rápida, mais barata e mais mensurável do que nunca, por que esse não é o foco de todo o nosso marketing? Por que isso não é o começo e o fim da discussão?

Porque a publicidade online é também aquela mais ignorada dentre as já criadas.

Não é incomum exibir um anúncio para um público de 100 mil pessoas e não conseguir um único clique. Não é incomum também que toda uma campanha publicitária comece, tenha sua duração e termine sem causar qualquer impacto na cultura.

Publicidade é mídia não conquistada. É comprada e paga. E as pessoas que você procura alcançar sabem disso. Elas desconfiam. São inundadas por informações. E estão exaustas.

Você não pagou ao destinatário para veicular esse anúncio, mas deseja que o destinatário pague com sua atenção.

Então você foi ignorado.

Não é que a publicidade não funcione. Ela simplesmente não é a resposta certa para todos, pelo menos neste momento.

Quanto custa a atenção? E qual é o valor dela?

Não se deixe distrair com a possibilidade de atenção gratuita, um holofote que de forma mágica e generosa o torna famoso sem qualquer esforço de sua parte.

Mesmo a publicidade "gratuita" tem seu custo em termos de tempo e esforço.

Mas, por enquanto, vejamos os anúncios, em que a equação de custo e atenção é clara.

Um anúncio em uma revista extravagante custará R$80 CPM, o que significa que você atingirá mil leitores (usando o termo vagamente) por R$80. Ou um pouco menos de dez centavos por pessoa.

Um anúncio em um site de segunda categoria pode custar R$80 para ser exibido a 1 milhão de pessoas. Mas, é claro, essas pessoas estão examinando, clicando, ignorando, e não se lembrarão do anúncio ou tomarão qualquer atitude.

Alguém prestes a comprar um anúncio precisa perguntar: "Qual é o valor?"

As pessoas que buscam fazer a mudança acontecer muitas vezes têm pressa, e a publicidade parece um bom atalho. Mas sem persistência e foco, o investimento é desperdiçado.

O marketing de marca é mágico, já o marketing direto faz o telefone tocar

Lester Wunderman foi o pai do marketing direto. Ele cunhou esse termo e o usou para construir a American Express, a Columbia Record Club e uma centena de outros projetos.

Em 1995, pedi a Lester que fizesse parte do conselho de administração da Yoyodyne, a empresa de marketing direto online que fundei antes que a rede mundial se tornasse moda.

Lester foi o primeiro a descrever as diferenças entre marketing de marca e direto, mas suas ideias nunca foram tão relevantes. Graças à ascensão do Google e do Facebook, agora há mais marketing direto do que nunca.

A diferença está no que acontece depois da execução do anúncio:

O marketing direto é orientado pela ação. E isso é medido.

O marketing de marca é culturalmente orientado. E isso não pode ser medido.

Se você publicar um anúncio no Facebook, contar seus cliques e, em seguida, medir quantos deles são convertidos, estará fazendo marketing direto.

Se colocar um outdoor na beira da estada, esperando que as pessoas se lembrem de sua funerária na próxima vez que alguém morrer, isso é marketing de marca.

É inteiramente possível que o seu marketing direto mude a cultura (o que é um bom efeito colateral). Os anúncios que você veicula, os catálogos que envia e as visitas ao seu site podem muito bem resultar em uma mudança na história que as pessoas contam para si mesmas.

E é totalmente possível que seu marketing de marca leve a alguns pedidos (outro agradável efeito colateral). Pode muito bem ser que o seu outdoor leve alguém a pegar a próxima saída e lhe dar seu dinheiro, ou que o patrocínio de um podcast leve alguém a contratar sua empresa.

O perigo está na confusão.

O crescimento extraordinário da receita do Google e do Facebook se deve a apenas uma coisa: muitos dos anúncios que são exibidos nesses serviços pagam por si mesmos. Uma centena de dólares em publicidade online gera US$125 em lucro para o anunciante. E ele sabe disso, e então compra mais. Na verdade, ele continua comprando anúncios até que parem de pagar por si mesmos.

Por outro lado, a publicidade de marca (para produtos como Ford, Absolut Vodka e Palmolive) moldou nossa cultura por gerações. Mas essas marcas e inúmeras outras não são capazes de criar campanhas de marketing direto que funcionem. Assim, a mudança para um ambiente de marketing direto medido online tem sido estressante e cheia de falhas.

A abordagem aqui é ao mesmo tempo simples e difícil: se você estiver comprando anúncios de marketing direto, avalie tudo. Calcule quanto custa ganhar atenção, conseguir um clique, transformar essa atenção em um pedido. O marketing direto é o marketing de ação e, se você não for capaz de avaliá-lo, ele não conta.

Se estiver comprando anúncios de marketing de marca, seja paciente. Recuse-se a avaliar. Engaje-se na cultura. Concentre-se, por todos os meios, mas, principalmente, seja consistente e paciente. Se você não puder se dar ao luxo de ser persistente e paciente, não pague por anúncios de marketing de marca.

Os dois parágrafos acima já deveriam ser o suficiente para pagar pelo tempo e dinheiro que gastou neste livro. Espero que eles não sejam os únicos que tragam retorno para o seu investimento, mas mesmo as maiores e mais bem-sucedidas organizações não conseguem ver como a mudança para a interação online está mudando fundamentalmente seus negócios.

A Procter & Gamble gasta bilhões em publicidade de marca na TV, para a Tide, Crest e outras marcas. Quando os anúncios da marca na TV são substituídos por anúncios digitais diretos, seu modelo de negócios se desfaz.

A pizzaria local era refém da publicidade das Páginas Amarelas. Um grande anúncio se pagava, e o número de telefone designado especialmente para o anúncio provava isso. Mudar para o Yelp, por outro lado, é demorado e pode parecer arriscado. Sem controle, sem histórico comprovado.

Para muitas empresas menores, a mudança de anúncios de marca caros, lentos e difíceis de avaliar para anúncios diretos rápidos, ágeis e mensuráveis é uma mudança positiva. Mas não é fácil agir como um profissional de marketing direto quando você está tentando alcançar pessoas que geralmente não clicam em anúncios.

Um guia simples para o marketing direto online

O anúncio existe para receber um clique.

O clique existe para que haja uma venda ou para obter permissão.

A venda existe para levar a outra venda, ou ao boca a boca.

A permissão deve levar à educação e a uma venda.

E pronto.

Cada passo no processo tem um custo (você pagou em dinheiro no primeiro passo, mas ao longo do caminho, perderá algumas dessas pessoas que desistem), e cada passo também o deixa mais perto do benefício.

Atribua valores para cada etapa. Se isso não for possível, não publique anúncios de resposta direta até conseguir.

Algumas pessoas verão seus anúncios, e não tomarão qualquer atitude? Com certeza. Isso é um efeito colateral, um bônus de mudança de cultura e de conscientização. Mas se você não puder avaliar, não conta.

Um guia simples para o marketing de marca

Tudo o que você faz, desde a maneira como atende o telefone até o design da embalagem, desde sua localização até os efeitos posteriores do seu trabalho, da música de espera até o comportamento de seus executivos e o tipo de flocos de isopor de preenchimento que usa — tudo isso é uma forma de divulgar sua marca.

Não é possível avaliar isso. Pode nem ser possível perceber.

Mas ainda importa.

Você já está gastando dinheiro em marketing de marca, não há dúvida sobre isso. A questão é: o que aconteceria se gastasse um pouco mais? E se gastasse com intenção?

E se conseguisse investir pacientemente mais tempo e dinheiro para colocar a história da sua marca no mundo, como o faria?

Provavelmente você poderia comprar anúncios de uma página inteira no jornal local ou colocar um comercial na televisão. Há uma longa tradição nesse tipo de gasto. Pode criar um grande impacto em muito pouco tempo. É divertido. Não é preciso que ninguém compre sua ideia, exceto seu chefe ou alguém com um orçamento. É só um e pronto, aí você pode seguir em frente para o dia seguinte.

Pode ser a melhor maneira de gastar seu dinheiro. Patrocinar um torneio de tênis ou um podcast pode funcionar também.

São possibilidades.

Ou talvez você deva enfatizar o investimento na maneira que a sua equipe interage com os clientes. Ou talvez seja melhor gastar alguns milhões de dólares em pesquisa e desenvolvimento, ou investir em educação para melhorar seu ofício.

A lição mais importante que posso compartilhar sobre marketing de marca é: com certeza você não tem tempo nem dinheiro suficientes para construir uma marca para todos. Isso é impossível, nem tente.

Seja específico.

Bem específico.

E depois, com esse conhecimento, exagere no marketing da sua marca. Cada pedaço de cada interação deve refletir o todo. Toda vez que virmos qualquer tipo de interação de sua parte, devemos ser capazes de fazer uma dedução inteligente sobre o todo.

Frequência

As pessoas não se lembram do que leem, do que ouvem ou do que veem. Se tiverem sorte, as pessoas se lembrarão do que fazem, mas também não são muito boas nisso.

Lembramos o que ensaiamos.

Lembramos as coisas que vemos repetidamente. Que fazemos repetidamente. Lembramos o nosso tio Fred, que veio para a ceia de Natal por 20 anos seguidos, mas não nos lembramos de Ethyl, a moça que ele trouxe como convidada uma vez.

Existem razões evolutivas óbvias porque somos otimizados para tal. Precisamos podar as memórias implacavelmente, e as memórias mais fáceis de podar são aquelas que são ruídos aleatórios.

Lembramos os eventos dos quais temos fotos em nosso álbum de família, mas não nos lembramos dos eventos que não temos fotos. Não tem nada a ver com o ato de tirar uma foto, e tudo a ver com reviver a nossa história, a que contamos toda vez que vemos a foto.

Ao longo do caminho, isso nos leva a associar "confiança" aos acontecimentos e histórias que acontecem repetidamente. O familiar é normal, e o normal é confiável.

Os profissionais de marketing esquecem disso diariamente.

Porque ficamos entediados com nossas coisas. Nossa história, nossa mudança. Já ouvimos isso antes. Nós nos lembramos disso, mas estamos entediados.

E então mudamos.

Jay Levinson disse: "Não mude seus anúncios quando estiver cansado deles. Não faça isso quando seus funcionários estiverem cansados deles. Nem mesmo os mude quando seus amigos estiverem cansados deles. Mude-os quando seu contador estiver cansado deles."

Podemos levar isso para muito além dos anúncios.

Toda a narrativa que faz requer frequência. Você tentará algo novo, emitirá uma declaração, explorará um novo mercado... e quando não funciona de imediato, o instinto é tentar outra coisa.

Mas a frequência nos ensina que há um declínio real — uma lacuna entre quando ficamos entediados e quando as pessoas captam a mensagem.

Muitas pessoas começam um projeto. Dão uma palestra algumas vezes, talvez até no palco do TED, e então partem para a próxima coisa. Elas lançam um novo negócio freelance, ganham alguns clientes, então começam os problemas e elas desistem. Ou abrem uma empresa, arrecadam dinheiro e gastam rápido, chegando a um beco sem saída antes que as coisas boas aconteçam.

O mercado foi treinado para associar a frequência à confiança (pronto, aqui estou eu me repetindo). Se você desiste no meio da construção dessa frequência, não é de admirar que nunca tenha tido a chance de conquistar confiança.

A otimização de mecanismos de pesquisa e as minas de sal

O ecossistema do Google é baseado em um mito. O mito é que milhões e milhões de empresas, todas devidamente "maquiadas" para chamar a atenção do mecanismo de busca, serão encontradas por quem as procura.

Sites de namoro oferecem a mesma promessa. As redes sociais também.

Basta seguir todas as regras e, quando pesquisarmos por "loja de pneus", "restaurante", "editor freelancer" ou "saída divertida de fim de semana", encontraremos seu serviço.

Isso é matematicamente impossível.

Existem milhares de páginas de resultados. Que tipo de delírio devemos estar tendo para imaginar que *nós* seremos o primeiro resultado?

O caminho não é encontrado quando alguém digita um termo genérico.

O caminho é ter alguém que se importe o suficiente com você e com seu produto para digitar seu nome. É que estejam à sua procura, não de uma alternativa genérica.

Sim, você pode encontrar meu blog pesquisando por "blog" no Google. Mas prefiro que pesquise por "Seth".

SEO [*search engine optimization* ou otimização para mecanismos de busca] é a utilização de táticas e estratégias para obter uma alta classificação nos resultados de pesquisa para um termo genérico. Um chaveiro, um hotel ou um médico que consiga vencer na pesquisa genérica de sua categoria terá um grande lucro. Mas todos os demais precisarão gastar dinheiro com consultores e truques para, de alguma forma, conseguir uma classificação mais alta. A matemática não é capaz de embasar esse esquema de pirâmide.

Por outro lado, um profissional de marketing inteligente pode criar um produto ou serviço que valha a pena procurar. Não através de um termo genérico, mas uma busca por você, o que construiu, algo específico. Ao fazer isso, o Google está do seu lado. Ele realmente quer que *você* seja encontrado quando alguém procura por você.

O primeiro passo é criar um produto ou serviço com que as pessoas se importem o suficiente para pesquisar especificamente. Você pode não ser o primeiro a aparecer em uma pesquisa genérica, mas sempre será se a pesquisa for específica o suficiente.

E então o segundo passo é fácil de entender: ser quem as pessoas querem encontrar quando fazem a pesquisa.

CAPÍTULO DEZESSEIS

O Preço É uma História

A precificação é uma ferramenta de marketing, não apenas uma forma de lucrar

Em algum momento, você terá que dizer às pessoas o quanto está cobrando por seus serviços e produtos. Há duas coisas importantes que deve observar quanto aos preços:

O marketing muda seu preço.

O preço muda seu marketing.

Como as pessoas formam suposições e associações com base em seus preços, e seu preço determina o que as pessoas acreditam sobre seu serviço, é importante ter clareza sobre sua posição. Seu preço deve estar alinhado com os extremos que reivindicou como parte do seu posicionamento.

Você é o tipo de pessoa que pede o vinho mais barato do cardápio? E o mais caro?

Observe que nenhuma das duas perguntas disse nada sobre o vinho em si. Nem sobre seu sabor ou seu valor.

Simplesmente falamos sobre o preço.

Ninguém dirige o carro mais barato possível (quase não se vê modelos Yugo nas ruas), e poucos são tolos o suficiente para dirigir um Bugatti por aí. Mas dentro desses extremos, inúmeras histórias estão sendo contadas. Histórias que contamos a nós mesmos e que contamos aos que nos rodeiam.

Um Porsche Cayenne não tem utilidade concebível proporcional ao seu custo. É apenas um símbolo, uma bandeira pintada de prata ou vermelho que hasteamos em nossa garagem e no teatro de nossa autoestima.

Claro, o preço é mais que um sinal. Ele é também o impulsionador do crescimento do nosso projeto, porque o preço determina o que representamos, para quem estamos projetando e a história que contamos. E o preço cria (ou elimina) a margem, e essa margem é o dinheiro que está disponível para gastar no nosso marketing de saída.

Pensemos no padeiro. Se os ingredientes e despesas indiretas associadas a um pão custam R$1,95/pão em uma quantidade razoável, podemos examinar três extremos:

Com um preço de varejo de R$2/pão, o lucro por pão é de R$0,05.

Com um preço de R$2,50/pão, o lucro por pão é de R$0,55. Esse é um aumento de 11 vezes, mais de 1.000% a mais de lucro por pão.

E a R$3/pão, estamos lucrando mais de R$1 por pão, mais de 20 vezes do lucro do primeiro exemplo.

O padeiro que cobra R$2 por pão precisa vender 21 pães para cada pão que o padeiro de luxo vende a R$3. Vinte e uma vezes a mais é a diferença entre alguns clientes por hora ou uma fila na porta.

"Mas", dizemos, "nossos clientes preferem pagar o preço mais baixo."

Pode ser. Mas como eles valorizam uma loja limpa e brilhando, com uma equipe de funcionários bem paga e prestativa, uma nova placa na janela e um time local de beisebol com novas camisas com seu logotipo? Como eles valorizam a bela sacola de compras que vem com cada pão, sem mencionar as amostras grátis dos biscoitos amanteigados que você chama de *sequilhos*? Como é que eles se sentem ao dizer a seus amigos que estão comendo o mesmo pão que é servido naquele restaurante chique na rua deles?

É melhor pedir desculpas pelo preço uma vez do que ter que pedir desculpas por uma centena de pequenas ofensas repetidamente.

O preço é um sinal.

Preços diferentes (pessoas diferentes)

Os Quakers inventaram a etiqueta de preço. Antes disso, era normal que nada tivesse um preço fixo. Todos pechinchavam.

Mas a Macy's e a Wanamaker's precisavam crescer, construir enormes lojas com funcionários mal remunerados. Não havia como treinar e confiar com tantas pessoas pechinchando. E assim eles foram os pioneiros a usar a ideia dos Quakers em ampla escala.

Embora a etiqueta de preço tenha sido originalmente concebida porque os Quakers pensavam que era imoral cobrar preços diferentes para pessoas diferentes, sua implantação em definitivo aconteceu porque os industriais e as grandes organizações gostavam da eficiência.

Mas, como tudo mais, a internet mudou as coisas.

Por um lado, você pode contar a história de que o preço é o preço. A Tesla contou essa história para os compradores de carros de luxo e eles respiraram aliviados. Mas quando a Uber tentou adequar os preços à demanda, isso custou à sua marca bilhões em confiança.

Para a maioria das organizações, particularmente as pequenas, a parte difícil não é a mecânica de cobrar valores diferentes.

É a narrativa.

Estou mencionando isso porque é uma maneira poderosa de entender a história do seu preço (e o preço da sua história). Como você se sente quando descobre que conseguiu um desconto que ninguém mais conseguiu? E se merecesse esse desconto? Como se sentiria se outras pessoas conseguissem esse desconto, e você não?

E quanto a escassez e os preços escalonados do Kickstarter? O medo de perder um nível de preço porque está quase acabando o impulsiona a agir?

"Barato" é outra maneira de dizer "amedrontado"

A menos que você tenha encontrado uma nova forma extraordinária de entregar seu serviço ou produto, correr para ser o mais barato provavelmente significa que não está investindo o suficiente em mudanças.

Quando se é o mais barato, não há promessa de mudança. Você está prometendo o mesmo, por um preço mais barato.

O nivelamento por baixo é tentador, porque nada é mais fácil de vender do que o produto mais barato. Não requer novos cálculos ou um pensamento profundo de seu cliente. Não é uma questão cultural nem emocional. É simplesmente o mais barato.

O preço baixo é o último refúgio de um profissional de marketing que não tem mais ideias generosas.

E o gratuito?

Se o marketing é feito para e com o consumidor, por que não tornar tudo gratuito?

Duas razões:

1. Engajar-se em uma transação é fundamentalmente diferente de encontrar um objeto aparentemente sem valor (ou pelo menos inestimável) que tenha sido livremente compartilhado. A escassez, a tensão e a adesão existem quando devemos decidir fazer uma compra, e o profissional de marketing sacrifica tudo isso quando a compra é realmente gratuita.

2. Sem fluxo de caixa, você não consegue investir em seu produto, sua equipe ou em marketing.

Mas vale a pena considerar o gratuito por outras razões, em outras situações.

O produto grátis não é simplesmente um centavo a menos ou um real a menos. É uma categoria completamente diferente de transação, porque, assim como dividir por zero, tem uma escala infinita.

É bem mais provável que uma ideia gratuita se espalhe muito mais rapidamente do que uma ligada ao dinheiro.

Se acessar o Facebook custasse R$3 por mês, teria atraído menos de 1 milhão de usuários.

Se fosse preciso pagar para ouvir os sucessos do rádio, o Top 40 teria desaparecido.

E ainda assim...

Não temos como ganhar a vida se tudo for gratuito.

A saída deste paradoxo é combinar duas ofertas, casadas entre si:

1. Ideias gratuitas que se espalham.
2. E expressões caras daquelas ideias pelas quais vale a pena pagar.

Quando uma chef dá suas receitas, aparece em um podcast ou conduz um seminário online, ela está entregando suas ideias gratuitamente. É fácil encontrar, interagir e compartilhá-las com frequência.

Mas se você quiser comer aquele macarrão servido em uma louça bonita sobre uma toalha de mesa branca no restaurante dela, terá que pagar R$24.

Quando uma música no rádio é gratuita, mas o ingresso do show custa R$84, o artista é recompensado.

A louça cara e o ingresso são lembranças de ideias, e elas devem ser caras.

Existem inúmeras maneiras de compartilhar sua visão, suas ideias, suas expressões digitais, sua capacidade de se conectar — gratuitamente.

E cada elemento desses cria consciência, permissão e confiança, o que lhe dá uma plataforma para vender a coisa pela qual vale a pena pagar.

Confiança e risco, confiança e despesa

É racional acreditar que estamos mais propensos a exigir confiança antes de nos envolvermos em transações arriscadas.

E também é racional esperar que as pessoas tenham uma probabilidade maior de precisar de mais confiança antes de gastar muito dinheiro (uma forma de risco). Ou de comprometer tempo e esforço.

Muitas vezes, porém, o oposto é verdade.

O fato de a transação ser arriscada faz com que a dissonância cognitiva entre em ação. Inventamos um sentimento de confiança precisamente porque estamos gastando muito. "Sou uma pessoa inteligente, e a coisa mais inteligente a fazer seria garantir que confio em alguém antes de investir minha poupança de toda uma vida (ou até mesmo minha vida), então preciso confiar nessa pessoa."

É para isso que serve o *boot camp*. O alto custo de participação (sangue, suor e lágrimas) faz com que nos alinhemos com o grupo.

É por isso que as pessoas mudam no Outward Bound.

É por isso que restaurantes e hotéis sofisticados conseguem sobreviver a críticas ruins.

Quando as pessoas investem pesadamente (dinheiro, reputação ou esforço), elas geralmente inventam uma história para justificar seu compromisso. E essa história carrega confiança.

Todo vigarista sabe disso. A ironia é que os profissionais de marketing que precisam de confiança muitas vezes não entendem isso.

Diminuir o preço não faz com que você seja mais confiável. O efeito é oposto, na verdade.

Seja generoso com a mudança e corajoso com o seu negócio

A generosidade em termos de trabalho livre, descontos constantes e muitas horas extras não compensadas não é realmente generosidade. Porque não é possível sustentá-la. Logo você estará quebrando as promessas que fez.

Por outro lado, mostrar generosidade com sua bravura, empatia e respeito é de fato um ato generoso.

O que seus clientes querem de você é que se importe o suficiente para mudá-los.

Que crie a tensão que leva a um movimento para a frente.

Cumpra o trabalho emocional que os deixará abertos às possibilidades.

E se você precisar cobrar muito para conseguir isso, ainda é uma barganha.

Estudo de caso: Nada de gorjeta no USHG

Por mais de uma década, o restaurante com melhor classificação no guia *Zagat* de Nova York foi o Union Square Cafe.

Ao longo dos anos, a empresa que operava o café adicionou quase uma dúzia de outros restaurantes conceituados em Nova York (e no processo, criou a Shake Shack, uma empresa de bilhões de dólares) como parte do Union Square Hospitality Group (USHG).

Em 2016, eles surpreenderam muitos ao abolir a gorjeta.

Em vez de aceitar gorjetas, o USHG aumentou seus preços em 20%. Eles dedicaram o aumento da receita a oferecer licença maternidade/paternidade, salários justos e a chance de tratar sua equipe como profissionais. A mudança significava é que a equipe dos fundos (que realmente faz sua comida) recebe um pagamento melhor, e isso significa que os garçons têm um incentivo para trabalhar em equipe, trocar turnos, trabalhar da mesma forma que um médico, um piloto, ou um professor — pelo trabalho, não por uma gorjeta.

Essa é uma ótima liderança, mas apresenta vários problemas de marketing.

Como você comunica o aumento de preço e a eliminação da gorjeta para um cliente regular, alguém que valoriza a percepção de um relacionamento especial porque ele se vê como alguém que dá gorjetas acima da média?

Como comunicar isso a um turista, que está comparando os preços dos cardápios online antes de fazer uma reserva, e não sabe que as gorjetas incluídas no preço tornam o restaurante muito mais barato do que parece?

Como comunicar isso aos funcionários, particularmente aos servidores de maior rendimento, que verão seus salários diminuírem?

Que mudança está sendo feita e para quem?

Um dos grandes insights a serem levados em consideração é que uma mudança como essa não pode ser para todos. Por exemplo, alguns clientes se alegram com o status que obtêm ao deixar uma gorjeta considerável. O gesto é carregado de simbolismo, e, para quem é bem de vida, é um prazer barato. O USHG não pode mais oferecer essa emoção. "Sinto muito, mas não é para você."

Por outro lado, um cliente que procura afiliação como uma forma de status pode achar que o tipo certo de agradecimento sincero soa muito melhor do que o medo associado ao exagero ou escassez da gorjeta.

Melhor ainda, o cliente que tem uma visão de mundo que gira em torno de justiça e dignidade agora tem mais dificuldade em frequentar outros restaurantes. Dada a escolha entre um restaurante em que os trabalhadores são engajados, tratados com justiça e trabalham com dignidade — ou um em que a hierarquia prejudica todas essas coisas — é mais fácil tornar-se um frequentador habitual em um restaurante que esteja orgulhosamente alinhado com sua cosmovisão.

Jantar em um restaurante raramente é um empreendimento solo. O USHG dá aos anfitriões uma chance de ganhar status através da sinalização de virtude. Os clientes ganham uma história que podem contar a si mesmos (e aos outros) — uma história sobre como o pequeno ato de escolher um restaurante transforma a situação em uma questão muito maior em termos de desigualdade de raça, gênero e renda.

Essa história não é para todos; mas para as pessoas certas, ela transforma a experiência.

Para quem é, qual sua serventia e como o status é alterado? *O que direi aos outros?*

CAPÍTULO DEZESSETE

Permissão e Presença em um Ciclo Virtuoso

A permissão é antecipada, pessoal e relevante

Há mais de 20 anos, em *Marketing de Permissão*, narrei o início de uma revolução.

O foco era a atenção. Sua escassez.

Os profissionais de marketing costumavam roubar, abusar e desperdiçar a atenção.

A comunicação em excesso era gratuita, então abusávamos disso. Spam, spam, spam.

Por e-mail, claro, mas todos os tipos de spam. Os esforços sempre foram constantes para roubar nossa atenção e tempo preciosos, algo que não podemos recuperar.

Existe uma alternativa. O privilégio de entregar mensagens antecipadas, pessoais e relevantes para as pessoas que desejam recebê-las.

Isso não parece controverso, mas era na época. Foi o que fez me tirarem da Direct Marketing Association.

Há 25 anos percebi que o spam não escalonava. Essa atenção era realmente preciosa, e os profissionais de marketing egoístas precisavam parar de roubar algo que as pessoas simplesmente não são capazes de oferecer mais.

Minha equipe e eu criamos uma empresa em torno dessa ideia. A certa altura, a Yoyodyne estava enviando, recebendo e processando mais e-mails do que qualquer outra pessoa no planeta... e fazíamos isso com a permissão ativa de todas as pessoas com quem nos engajávamos. Nossas taxas de abertura eram acima de 70%, e nossos e-mails tinham uma média de 33% de taxa de resposta.

Isso é cerca de mil vezes a taxa de um e-mail comercial típico enviado em 2018.

Antes de pagar por anúncios, muito antes disso, comece com a ideia de merecer esse ativo. O privilégio de conversar com pessoas que sentiriam sua falta se você sumisse.

O marketing de permissão reconhece o novo poder dos melhores consumidores de ignorar o marketing. Ele percebe que tratar as pessoas com respeito é a melhor maneira de ganhar sua atenção.

Preste atenção é uma frase-chave aqui, porque os medidores de permissão entendem que quando alguém escolhe prestar atenção, está realmente lhe pagando com algo valioso. E não há como recuperarem a atenção caso mudem de ideia. A atenção se torna um ativo importante, algo a ser valorizado, não desperdiçado.

A permissão real é diferente da permissão presumida ou legal. Só porque você de alguma forma tem meu endereço de e-mail, não significa que tenha permissão de usá-lo. Só porque não reclamo, não significa que permito. Só porque está nas letras miúdas da sua política de privacidade, não significa que seja uma permissão.

A permissão real funciona assim: se você parar de aparecer, as pessoas ficam preocupadas. Eles perguntam para onde você foi.

Permissão é como um namoro. Você não começa pedindo a venda no primeiro encontro. Esse é um direito a ser conquistado ao longo do tempo, pouco a pouco.

Um dos principais impulsionadores do marketing de permissão, além da escassez de atenção, é o custo extraordinariamente baixo de se conectar com pessoas que querem ouvi-lo. Gota a gota, mensagem a mensagem. Cada contato é praticamente gratuito.

RSS, e-mail e outras técnicas significam que você não precisa se preocupar com selos ou anúncios de rede sempre que tiver algo a informar. A entrega em domicílio é a vingança do leiteiro: a essência da permissão.

O Facebook e outras plataformas sociais parecem ser um atalho, porque aparentemente facilitam o alcance a novas pessoas. Mas a desvantagem é que você é um meeiro. A terra não é sua. Você não tem permissão para entrar em contato com pessoas; elas têm. Você não possui um ativo; elas sim.

Todo editor, toda empresa de mídia, todo autor de ideias precisa de um ativo de permissão, o privilégio de contatar as pessoas sem um intermediário.

A permissão não precisa ser formal, mas deve ser óbvia. Meu amigo tem permissão para me ligar se precisar de dinheiro emprestado, mas a pessoa que você conhece em uma feira comercial não tem a abertura para lhe contar todo o seu currículo, mesmo que tenha pagado o ingresso.

Assinaturas são um ato evidente de permissão. É por isso que os leitores de jornais que são entregues em domicílio são tão valiosos e o porquê de os assinantes de revistas valerem mais do que os que leem nas bancas de jornais.

Para obter permissão, você faz uma promessa. É uma declaração: "Eu farei x, y e z; espero que me dê permissão ouvindo o que tenho a dizer." E então — essa é a parte difícil —, não faça mais nada. Não presuma que pode fazer mais. Você não vende nem aluga sua lista de contatos e nem exige mais atenção. Você pode prometer um boletim informativo e conversar comigo por anos, pode prometer um feed RSS diário e conversar comigo a cada três minutos, pode prometer um discurso de vendas todos os dias (como o site varejista Woot). Mas a promessa é a promessa até que ambos os lados concordem em mudá-la. Não presuma que tem o direito de romper o acordo só porque está se elegendo para presidente, chegando ao final do trimestre ou lançando um novo produto. Você não tem.

A permissão não precisa ser um meio de transmissão unidirecional. A internet significa que você pode tratar diferentes pessoas de maneira diferente e exige que descubra o que fazer para permitir que as pessoas que concedem sua permissão escolham o que ouvem e em que formato.

Se parece que você precisa de humildade e paciência para fazer marketing de permissão, é porque precisa mesmo. É por isso que poucas empresas o fazem corretamente. O melhor atalho, neste caso, é não pegar atalho algum.

Quantas pessoas estariam se perguntando (ou reclamando) por que você não mandou a próxima tonelada de e-mail? Essa é uma métrica que vale a pena mensurar e aumentar.

Depois de obter a permissão, você pode educar. Agora que conseguiu a aderência, pode reservar um tempo para contar uma história. Dia a dia, gota a gota, você pode se envolver com as pessoas. Não fale com elas apenas; comunique a informação que elas querem.

Logo após a publicação de *Marketing de Permissão*, Dany Levy iniciou uma newsletter por e-mail chamada DailyCandy. Era um alerta por e-mail voltado para a temática urbana para jovens mulheres que procuravam liquidações, festas e conexões locais. O ativo era tão valioso que acabou sendo vendido por mais de US$100 milhões.

Todo podcaster tem um ativo como esse, uma base de assinantes que regularmente ouve o programa mais recente.

Todo político bem-sucedido tem um ativo como esse, um grupo de eleitores ativistas ansiosos para comparecer ao próximo comício, e compartilhar ou agir a partir do que foi dito.

Proteja isso. É mais valioso do que os computadores ou cadeiras em seu escritório. Se alguém levasse esses itens embora, você o demitiria. Aja da mesma forma se alguém na sua equipe enviar spam para a lista apenas para aumentar a métrica.

Conquiste sua própria permissão e domine-a

O uso de uma plataforma de mídia social porque ela tem muitos usuários integrados não é realmente construir um ativo.

Claro, por enquanto você pode alcançar seus seguidores nessa plataforma. Mas com o tempo, ela lucra com o que cobra de você, não com o que oferece gratuitamente.

E então você precisará impulsionar um post. Ou se preocupar com o que acontece quando a plataforma tenta aumentar o preço de suas ações.

Se a permissão é o centro do seu trabalho, conquiste-a e cuide dela. Comunique-se apenas com aqueles que escolhem ouvir o que tem a dizer. A definição mais simples de permissão é as pessoas sentirem sua falta caso você não se comunique com elas.

Você deve ser proprietário desse ativo, não o locatário.

Tuma Basa e RapCaviar

Em 2015, em um ato defensivo, o Spotify contratou o influenciador musical Tuma Basa para competir com a nova iniciativa da Apple em playlists com curadoria de DJ. Basa assumiu a playlist do RapCaviar e, em poucos meses, viram um crescimento de mais de 3 milhões de assinantes. Esses são ouvintes que deram permissão ao Spotify (e a Basa) para compartilhar novas músicas com eles.

Em 3 anos, esse número subiu para 9 milhões de pessoas.

Ele construiu o ativo mais importante no negócio da música. Maior do que qualquer estação de rádio. E mais importante do que qualquer revista.

Quando Basa faz o perfil de um novo artista, nasce uma superstar (uma jogada de dinheiro, como diria a rapper Cardi B). Todas as manhãs de sexta-feira, a playlist é atualizada, e no final do dia, o cenário da música de sucesso estará mudado.

O Spotify não precisa das ondas de rádio, ou de uma revista. Eles têm um ativo de permissão. Permissão, atenção e aderência impulsionam o comércio.

Oferecendo a generosidade

Como você consegue a permissão, para começo de conversa? Como se conecta com pessoas que querem ouvir mais de você?

A cosmovisão daqueles que se preocupam com coisas novas (os neófilos) leva-os a buscar novas vozes, novas ideias e novas opções. Não há muitas dessas pessoas no seu mercado, mas pode ser que haja o suficiente.

Quando a Marvel quer lançar uma nova franquia de super-heróis, ela não começa com anúncios de TV por todo o país. Em vez disso, eles vão para a San Diego Comic-Con.

A Comic-Con tem permissão. Permissão de fãs delirantes, os fãs neófilos, para anunciar novas ideias, ajudá-los a encontrar o próximo grande sucesso.

Esse é o lugar para lançar *Deadpool*. Não com uma proposta, mas com generosidade.

Uma atração especial.

Uma entrevista com o diretor.

Notícias de verdade.

O filme só será lançado depois de um ano. Eles não estão lá para vender ingressos, eles querem ganhar permissão. Para ganhar atenção ao longo do tempo, ter o privilégio de contar sua história para as pessoas que querem ouvi-la.

Mas, principalmente, é um sinal. Uma maneira de informar ao núcleo da tribo que a atenção foi despertada, que esse é o tipo de coisa sobre a qual pessoas como nós falarão no próximo ano.

Não importa que haja apenas uma pequena porcentagem do mercado de filmes na Comic-Con. O que importa é a qualidade de sua história e a profundidade de sua empatia e generosidade.

E então, se tudo for feito de forma correta, a notícia se espalhará.

Seja notável e transforme seu projeto

É quase impossível espalhar sua notícia diretamente. É muito caro e muito lento. Encontrar pessoas, interrompê-las e conseguir sua aderência, uma por uma, é uma tarefa desencorajadora.

A alternativa é criar intencionalmente um produto ou serviço sobre o qual as pessoas decidam falar.

Eu chamo isso de Vaca Roxa.

Vale notar que não é você, o criador, que decide se algo será notável. Você pode fazer o seu melhor, mas a decisão final depende do usuário, não de você.

Se os usuários comentam sobre isso, então é notável.

E se eles comentam, a notícia se espalha.

Se as conversas levarem sua missão adiante, outras pessoas se engajarão com a sua ideia e o processo continuará.

Mais fácil falar do que fazer.

Você deve fazer isso com intenção, essa necessidade de compartilhar precisa estar profundamente arraigada no produto ou serviço.

Isso significa que os profissionais de marketing eficientes também são responsáveis pela experiência dos clientes.

Ofensivo/juvenil/urgente/egoísta não é a mesma coisa que roxo

Frequentemente, os profissionais de marketing impacientes recorrem a acrobacias. E elas são fruto do egoísmo.

Você presta um serviço às pessoas quando faz coisas melhores e facilita a comunicação sobre elas. A melhor razão para as pessoas falarem sobre você é porque estão falando sobre si mesmas: "Olha como eu tenho bom gosto." Ou talvez: "Olha como sou bom em reconhecer ideias importantes."

Por outro lado, se vamos criticar, censurar, falar sobre como você passou do ponto, estamos fazendo isso para alertar nossos amigos e vizinhos. Para que você seja evitado, estamos informando que você piorou as coisas. Não estamos impressionados com quanto dinheiro gastou, que limites superou ou como o trabalho é importante para você.

Não, espalhamos a notícia quando ela beneficia a nós mesmos, ao nosso gosto, à nossa posição, ao nosso anseio por novidade e mudança.

Suspendendo as regras do *Clube da Luta*

Chuck Palahniuk escreveu que a primeira regra do Clube da Luta é que você não pode falar sobre o Clube da Luta.

Assim que o tipo certo de personagem (cosmovisão!) no livro ouviu sobre o Clube da Luta, essa regra foi um convite para falar sobre o Clube da Luta. E, à medida que o clube crescia, o mesmo acontecia com as conversas. Novamente, a Lei de Metcalfe.

O Alcoólicos Anônimos é uma organização enorme. E dificilmente é anônimo. Incorporada na prática de um membro ativo está a postura de que, quando em dúvida, falamos sobre o AA, porque falar sobre ele é um ato generoso. E acaba com a vergonha. É um bote salva-vidas. Uma comunhão de conexão, uma chance de fazer pelos outros o que fizeram por você.

As ideias viajam horizontalmente agora: de pessoa para pessoa, não de organização para cliente. Começamos com o menor núcleo possível e damos a elas algo para conversar e um motivo para tal.

O que escolhemos divulgar depende de nós. Se a mudança que pretende fazer não puder ser comentada, talvez você deva encontrar uma mudança diferente que valha a pena.

Projetando para a propagação

Alguns membros do AA trazem tensão para não membros. Eles estão dispostos (generosamente) a abordar as pessoas com problemas com bebida e lhes oferecer ajuda.

A pressão social nos deixou doentes, eles podem pensar, e a pressão social pode nos curar.

A propagação é difícil. Trazer tensão para um colega de trabalho ou amigo acarreta muitos riscos. É mais fácil evitar.

O trabalho árduo de criar a mudança que procura começa com o planejamento da propagação na própria estrutura do que você está criando. As pessoas não espalharão a notícia porque é importante para você. Elas só o fazem porque é importante para elas. Porque as aproxima de seus objetivos, porque permite que contem a si mesmas uma história de que se orgulham.

CAPÍTULO DEZOITO

A Confiança é Tão Escassa Quanto a Atenção

O que é falso?

A internet prospera na afiliação. No seu núcleo está a mágica proveniente das conexões pessoais.

Mas as forças que preferem o domínio em vez de afiliação veem isso como uma ameaça. E criaram ondas de desconfiança em torno das vozes e canais em que construímos nossa confiança cultural.

Além disso, lamentavelmente, o mau comportamento e a ganância de muitos dos pilares com que contamos também destruíram o benefício da dúvida que gostaríamos de conceder àqueles que buscamos para a liderança.

O resultado é um momento no qual *mais pessoas estão conectadas e menos são confiáveis*. Em que a ciência e os fatos são frequentemente misturados com uma má interpretação intencional e incompreensão apressada. Não devemos confiar nas instituições espirituais, nos principais meios de comunicação, nos políticos, nas redes sociais nem mesmo na pessoa que vemos andando pela rua.

Acrescente a isso a cacofonia do ruído (com menos sinal do que nunca) e a prevalência de falsificações e roubos, e a confiança torna-se algo perigoso.

O que é confiável, quem é confiável?

Nesse vácuo de desconfiança, os profissionais de marketing se veem em um destes três caminhos:

Ignorados

Esgueirando-se

Confiáveis

Se você é ignorado, não consegue muita coisa, porque além de não ganhar confiança, também não mereceu atenção.

Se está se esgueirando por aí, fingindo ser uma coisa enquanto age de uma maneira diferente, pode conseguir roubar alguma atenção e ganhar alguma confiança, mas isso não vai durar.

O terceiro método — confiança — é o único que paga pelo investimento necessário. E é bom que também seja o mais fácil de conviver.

Um profissional de marketing confiável ganha adesão. Ele é capaz de fazer uma promessa e mantê-la, ganhando assim mais confiança. Como a confiança acarreta atenção, ele pode contar uma história, ininterrupta. Essa história ganha mais adesão, o que leva a mais promessas e mais confiança. E, talvez, se a história for bem organizada e ressoar em quem a ouve, isso leve ao boca a boca, às conversas entre aqueles que estão no centro da nossa cultura.

O benefício da dúvida não é um mito. Há muita dúvida por aí e você provavelmente não está recebendo a oportunidade que ela pode lhe proporcionar. Somente quando as pessoas de fato desejam chegar aonde pensam que você será capaz de levá-las, quando a identidade e o status delas já estão em jogo — é que você consegue esse benefício.

E então, a mudança acontece.

A confiança da ação

Em um mundo que olha superficialmente em vez de ler, que fofoca em vez de pesquisar, a melhor maneira de ganhar confiança é através da ação.

Lembramos o que você fez por um longo tempo após termos esquecido o que você disse.

Quando pedimos um reembolso por um produto defeituoso, o que você fez? Quando perdeu nossos dados, o que você fez? Quando precisou fechar a fábrica e nossos trabalhos ficaram em risco, o que você fez?

Os profissionais de marketing gastam muito tempo conversando e trabalhando no que devem dizer. Precisamos dedicar mais tempo ao *fazer*.

Falar significa concentrar-se em realizar uma coletiva de imprensa para as massas.

Não falar significa focar o que você faz quando ninguém está olhando, uma pessoa de cada vez, dia após dia.

Famoso na tribo

A fama gera confiança, pelo menos em nossa cultura.

Todos são famosos para 1.500 pessoas.

Algumas pessoas são até famosas para 3 mil pessoas.

E esse é um fenômeno novo e fascinante. Quando há 3 mil, 10 mil ou até 500 mil pessoas que o consideram famoso... isso muda as coisas. Não apenas porque elas ouviram falar de você, mas porque as pessoas em quem confiam também já ouviram falar de você.

Sendo você consultor de negócios, designer ou inventor, ser famoso para as 3 mil pessoas certas é o suficiente.

O objetivo não é maximizar seus números em mídias sociais. O objetivo é ser conhecido pelo menor público viável.

Relações públicas e publicidade

Normalmente, os profissionais de marketing buscam publicidade. Eles querem clipes. Elogios. Matérias. Que a notícia se espalhe. Se você contratar uma empresa de relações públicas, é mais provável que esteja contratando um publicitário.

E boa publicidade é ótimo, se você conseguir — por que não?

Mas o que você provavelmente precisa mais do que publicidade é de relações públicas.

Relações públicas é a arte de contar sua história para as pessoas certas da forma certa. Um profissional de relações públicas não se importa em abrir mão da publicidade que busca divulgação a todo custo ("Contanto que soletrem meu nome certo") em troca da confiança do profissional de marketing para construir um motor para uma ideia.

A corrida para ser um pouco famoso está em curso, e é fomentada pelas conexões sociais e tribais que a internet permite. Validamos e creditamos muito os famosos, mas agora há muito mais deles. Com o tempo, quando todos forem famosos, isso desaparecerá, mas, no momento, a confiança e o benefício da dúvida que concedemos a alguém famoso é bastante valiosa.

⮞ CAPÍTULO DEZENOVE ⮜

O Funil

A confiança não é estática

Visualize um funil, um que tenha muitos vazamentos e buracos.

No topo do funil, você despeja atenção.

Na parte inferior, saem clientes leais comprometidos.

Entre o topo e o fundo, a maioria das pessoas vaza. Elas se afastam, perdem a confiança ou vão embora em razão de um descompasso entre o que você oferece e o que elas acreditam, uma desconexão entre o seu discurso e o que elas ouvem. Talvez não seja uma boa opção, talvez elas estejam distraídas ou a vida as levou por outro caminho.

À medida que as pessoas percorrem o funil — de estranho para amigo, de amigo para cliente, de cliente para cliente fiel —, o status de sua confiança muda.

Talvez elas se tornem mais confiantes, como resultado da dissonância e da experiência cognitiva. Ou, mais provavelmente, se tornem mais distraídas, mais temerosas, mais ansiosas por fugir, porque dizer sim é mais estressante do que simplesmente ir embora.

Você pode consertar seu funil

1. Garanta que as pessoas certas sejam atraídas por ele.

2. Assegure-se que a promessa que as atraiu se alinhe com a mudança que pretende oferecer.

3. Remova etapas para que menos decisões sejam necessárias.

4. Apoie aqueles com os quais está envolvido, reforçando seus sonhos e melhorando seus medos à medida que avança.

5. Use a tensão para criar impulsão.

6. E, acima de tudo, ofereça um megafone para aqueles que se engajaram no funil, uma ferramenta que eles possam usar para contar aos outros. *Gente como a gente faz coisas assim.*

A matemática do funil: Casey Neistat

Casey recebe regularmente mais de 10 milhões de visualizações em cada um de seus vídeos no YouTube. Esse é um ativo de permissão. As pessoas o seguem e tendem a compartilhar seu trabalho.

Para um projeto recente, ele enviou aos seus espectadores (quando vi o vídeo, ele tinha cerca de 1 milhão de visualizações) o link para sua transmissão ao vivo no Twitch.

Cliquei no link e vi que havia sido visto 18 mil vezes. Então, cerca de uma em cada cinquenta pessoas clicou.

No vídeo do Twitch, havia centenas e centenas de comentários. É difícil contar, mas vamos dizer que eram mil.

O que significa que 1 entre 18 pessoas gastou seu tempo para postar um comentário.

E dentre os milhares de comentários, talvez cinco sigam em frente e façam algo a mais, como se inscrever no que for que Casey esteja criando.

De 1 milhão para 18 mil, passando para mil e chegando a 5.

Um funil é assim. E essa extensão pode variar.

A razão pela qual Casey é um sucesso e nós não, é porque ele otimizou seu funil. Porque o topo do funil é abastecido regularmente e sem esforço com pessoas engajadas em sua jornada.

Tudo fica melhor quando você conquista essa confiança.

O funil sustentável de marketing direto

Temos um caso especial aqui, um funil que agora é procurado por milhões de pessoas que compram anúncios do Google e do Facebook.

Em 2017, essas duas empresas arrecadaram mais de US$100 bilhões, cerca de *metade* de todo o dinheiro gasto em anúncios online no mundo todo. E quase todos esses anúncios foram avaliados, e todos envolveram o funil.

Gaste US$1 mil em anúncios online que alcançam 1 milhão de pessoas.

Receba 20 cliques.

Isso significa que cada clique custa US$50.

Esses cliques direcionam as pessoas para seu site. Um em cada dez se transforma em um pedido.

O que significa que cada pedido tem um custo de US$500.

Se tiver sorte, neste negócio que estamos descrevendo, o valor vitalício de um cliente é de *mais* de US$500, o que significa que você pode comprar mais anúncios para obter mais clientes com o mesmo custo. E faça isso repetidamente, com todos os anúncios pagando por si mesmos. Mágica!

É claro que a grande maioria do seu lucro vai direto para quem vende os anúncios, e é por isso que essas duas empresas são tão extraordinariamente bem-sucedidas. Elas colhem apenas o lucro com quase todos os seus anunciantes. O Google chega a lucrar US$100 por venda, e você, o anunciante que faz todo o trabalho, ganha apenas US$10.

Mas isso não chega a ser um problema, porque a margem na próxima venda ainda é positiva. Como você saiu na frente, é fácil comprar mais anúncios.

E o funil segue em frente.

Esse é o sonho do profissional de marketing direto. É publicidade que claramente se paga, que permite crescimento. A que permite medir o que está funcionando, fazer isso várias vezes e crescer.

É bom observar que poucas organizações fazem essa matemática com cuidado. Elas gastam e torcem para que tudo dê certo.

Mas se você for cuidadoso e focado, pode começar a entender o custo de chamar a atenção para o topo do funil e pode trabalhar para melhorar não apenas a qualidade de seus *leads*, mas também a eficácia do processo.

De todo jeito, trabalhe para diminuir o custo desse primeiro clique. Mas se fizer isso com uma promessa ridícula no anúncio que publicar, será em vão, porque depois de entrarem no funil, as pessoas deixarão de confiar em você, a tensão evaporará e seu rendimento despencará.

Então, pense em quais etapas deve mudar ou eliminar. Explore o que acontece se as pessoas se envolverem em suas ideias ou em sua comunidade *antes* de pedir que elas lhe enviem dinheiro. Invista no valor vitalício de um cliente, criando coisas novas para ele em vez de correr atrás de novos clientes.

Quando comecei a trabalhar com marketing, acho que menos de 5% de todos os anunciantes avaliavam seus resultados. Era muito difícil fazê-lo com TV, rádio e impressos. Hoje, acho que o número está mais próximo de 60%, porque os números são claros. O que falta é uma análise cuidadosa do que eles significam.

Um aparte na matemática do funil

Não tenho certeza por que motivo a matemática do funil desconcerta tantas pessoas, mas se você a fizer passo a passo, conseguirá visualizar.

A coisa mais importante a descobrir é o valor vitalício de um cliente. Aqui temos um exemplo simples. Quanto um novo cliente leal vale para um supermercado?

Se tudo o que fazemos é calcular o lucro em uma única visita à loja, é de apenas US$1 ou US$2. Supermercados têm margens muito baixas.

Mas e se essa pessoa se tornar um comprador regular? E se fizer duas visitas por semana, gastando US$100 a cada vez, e o fizer nos cinco anos em que morar no bairro (não é algo incomum em muitos lugares)? São mais ou menos US$50 mil em vendas. Mesmo com uma margem de lucro de 2%, significa que cada novo cliente gera US$1 mil de lucro ao longo do tempo.

E...

Digamos que seu supermercado seja especial e que, quando alguém se torna cliente, há uma chance de que conte aos amigos e vizinhos, e um deles também se torne um cliente regular. Que tal? Isso torna cada novo cliente ainda mais valioso, porque ele se torna impulsionador de seu crescimento.

Isso significa que um supermercado deve estar disposto a patrocinar um evento para novos residentes na cidade, porque o funil é muito eficiente.

E isso significa que um supermercado deve rapidamente pedir desculpas e reembolsar um cliente que reclamar que o melão comprado por US$4 não estava maduro. Não vale a pena perder US$1 mil em vendas por bobagens.

Com tecnologia e serviços, podemos ir mais longe. Se olharmos para um serviço como o Slack, um cliente inicial pode ter um valor vitalício de US$50 mil ou mais. Se contássemos não apenas o que eles pagariam ao longo do tempo, mas também o impacto sobre o que os colegas de trabalho poderiam pagar, mais o valor do crescimento na eliminação de concorrentes, acrescido do valor do patrimônio da empresa que é vista como vencedora, seria fácil justificar esse tipo de análise. Os primeiros mil clientes, sendo as pessoas certas, são basicamente inestimáveis.

Certo, então se esse for o valor vitalício, como será o funil, a parte de custo da equação?

A maneira mais simples de pensar sobre isso é com selos.

Se uma carta custa US$0,50 para enviar, quantas cartas você precisa enviar para conseguir um cliente?

Nos velhos tempos da mala direta, isso era tudo que precisávamos saber.

Se você precisar enviar mil cartas para conseguir um pedido, isso significa que cada pedido lhe custa US$500. (Porque elas custam US$0,50 cada, certo?)

Se o valor vitalício de um cliente for US$700, *compre quantos selos puder pagar!* Por outro lado, se o valor vitalício de um cliente for de US$400, não há motivos para você comprar selos. É preciso uma carta melhor ou um negócio melhor.

Essa simples análise é o motivo de você já ter ouvido falar da L.L. Bean, Lands' End e da Victoria's Secret. Elas compraram muitos selos.

A internet torna isso mais rápido, mais poderoso e mais sutil.

Na internet, você não compra selos dos correios. Em vez disso, compra cliques do Google ou do Facebook.

Esses cliques direcionam os clientes para um site.

Esse clique no site leva a outra parte do site.

Ou para um e-mail.

Ou para um download de teste.

E então, isso leva à próxima coisa e assim por diante, até que você tenha transformado esse interesse em um cliente pagante.

Cada clique entre o primeiro e o último torna o seu funil mais caro, mas se você se livrar de muitos cliques, ninguém confiará em você o suficiente para comprar seus itens.

Se o seu produto ou serviço melhora as coisas, o cliente será fiel e gerará o valor vitalício de que falamos.

Se não consegue enxergar o funil, não compre os anúncios.

Se puder medir o funil e o custo dos anúncios for muito alto, não compre. Corrija o funil primeiro.

A verdade sobre o seu funil

Não será uma fonte mágica de resultados.

Espero que sim, mas é bem improvável.

Embora muitas pessoas estejam dispostas a vender um suposto milagre — um funil de fluxo de renda passivo e autodirigido —, esses funis mágicos são raros.

Isso porque o valor vitalício de um novo cliente raramente excede o custo da execução dos anúncios necessários para conseguir um novo cliente.

As pessoas são tão desconfiadas, e a internet é tão confusa, que os anúncios raramente têm poder suficiente de compensarem financeiramente. As pessoas veem tantos anúncios, com tantas promessas, que o custo do engajamento é estratosférico.

A verdade é que a maioria das marcas que importam e a maioria das organizações que prosperam são estimuladas pela publicidade, mas construídas por um bom marketing. Elas crescem porque os usuários as divulgam para seus amigos. Seu crescimento se dá porque são entidades vivas, oferecendo cada vez mais valor às comunidades que servem. Elas encontram tribos que se reúnem em torno da mudança cultural que são capazes de produzir, por isso crescem.

O trabalho que você faz para melhorar seu funil é um esforço bem gasto. Mas as tentativas de construir uma máquina de lucro perpétua quase sempre terminam em amargura, porque exigem que você force muito e vá rápido demais para fazer qualquer coisa que dure.

O objetivo é investir em anúncios para os neófilos, pessoas que queiram encontrar você. Depois, criar confiança com a frequência. Para ganhar a oportunidade do teste. Para gerar boca a boca. E fazê-lo se pagar construindo um grupo de pessoas, uma rede de pessoas que precisa que seu trabalho seja parte de quem elas são e do que elas fazem.

É fácil pular a última parte, o que acontece depois do primeiro clique. E se você fizer apenas a parte fácil e cara, provavelmente ficará insatisfeito com o resultado.

A vida na cauda longa

O trabalho inovador de Chris Anderson sobre a cauda longa pode ser facilmente entendido com um simples gráfico:

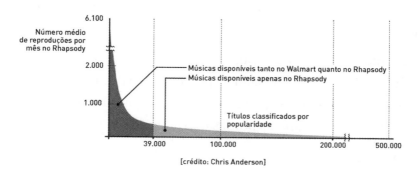

[crédito: Chris Anderson]

À esquerda estão os sucessos. Não há muitos deles, mas cada um deles vende muito. Na verdade, o número 1 vende 10 vezes mais cópias do que o número 10 e 100 vezes mais do que o número 100. Um sucesso é algo mágico.

À direita temos o resto. A cauda longa: bons produtos de interesse especializado. Cada um, por si só, não vende muito, mas juntos, os produtos da cauda longa vendem tanto quanto os produtos da cabeça curta.

Metade das vendas da Amazon são livros que não estão entre os cinco primeiros. Metade!

Metade da música consumida em sites de streaming não está disponível nas lojas. Não estamos falando de metade dos títulos, mas sim metade do volume.

A Amazon consegue se dar bem com essa estratégia, já que eles vendem *todos* os livros disponíveis. Cada autor, no entanto, sofre: vender um ou dois livros por dia não dá para ganhar a vida.

Se você for músico, viver na cauda longa com suas 12 ou 24 músicas não será o suficiente para pagar as contas. E quase todos que publicam em um mercado aberto estão na cauda longa.

Adiante, você verá um gráfico semelhante mostrando o tráfego para sites.

Quando se está no círculo, ou pior, à direita desse círculo, não é possível competir pelo impacto ou pelo dinheiro dos anúncios, porque mesmo que o Google lucre em todos os sites pesquisados, a maioria das pessoas que ficam nas bordas está sofrendo.

Esses imensos mercados (Amazon, Netflix, iTunes etc.) dependem das esperanças e sonhos equivocados de indivíduos que estão na cauda longa. Separadamente, todos passam por dificuldades. Em conjunto, são um bom negócio.

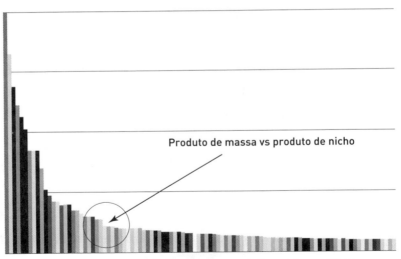

Tráfego para os websites mais populares

A camiseta da páscoa de primeiro de abril do aniversário da páscoa judaica

Aqui temos um exemplo claro de viver na cauda longa: outro dia, vi uma camiseta à venda na Amazon que dizia: "É Páscoa, É Páscoa Judaica, É Primeiro de Abril e É Meu aniversário."

Esse é obviamente um item de interesse especial, que não tem como sustentar o esforço empregado. Afinal, apenas uma em 365 pessoas se qualifica para usar uma camisa como essa, e talvez 1 em 1.000 delas usaria, e, sei lá, talvez 1 em cada 100 de seus amigos pensaria em pesquisar por isso, então o vendedor provavelmente só vendeu quatro.

Mas lá estava ela.

Com mais pesquisa, encontrei mais camisetas como esta:

[Tradução: Lendário. Desde 6 de abril de 1988.]

Entendi. É um negócio da cauda longa. Algumas empresas estão fazendo dezenas de milhares de camisetas diferentes. Elas fazem essas camisetas por encomenda. O segmento de cauda longa e o espaço de prateleira infinito da Amazon tornam isso possível. Eles podem não vender muito (sequer uma unidade) de qualquer camiseta em *particular*, mas, em conjunto, é razoável supor que estejam vendendo milhares de camisetas por mês.

Se conseguir agregar e criar um bloco na cauda longa, pode ser viável. Mas não pode vender somente uma camiseta inusitada e ter uma chance.

Esta é a falsa promessa da internet, que você pode ser feliz com uma pequena fatia da cauda longa. Que qualquer um pode cantar, escrever, dançar ou fazer comédia, atuar como coach ou freelancer, e assim qualquer um fará, e você ficará bem.

Só que você não ficará bem, porque não será capaz de viver disso. A internet pode viver disso, Upwork, Fiverr, Netflix e Amazon podem viver disso, mas você não.

Ouvimos sobre os casos isolados de garotos que ganham milhões de dólares por ano com seu canal no YouTube ou da fashionista com milhões de seguidores. Mas se tornar um caso isolado não é uma estratégia. É um mero desejo.

Existe uma saída

A matemática de um sucesso vai além do benefício de vender muitas cópias. Na verdade, os sucessos são o que são porque as pessoas gostam de sucessos.

Gostamos de fazer o que todos estão fazendo.

(*Todos* quer dizer "todos como nós".)

Você provavelmente adivinhou a estratégia: dividindo o mercado em muitas curvas, não apenas uma, acabamos tendo muitas cabeças curtas e caudas longas.

Temos o mercado de ficção literária voltado para adolescentes, o mercado de livros sobre entalhes em madeira, o mercado de cursos de vídeo sobre o uso de uma câmera GH5 para fazer filmes, e o mercado de performance de improviso.

Há até mesmo mercado para a música drone tocada tão alto que o público precisa usar proteção auditiva.

Em cada um desses mercados, e em 1 milhão de outros, há uma necessidade de uma cabeça curta, pelo menos até que alguém conecte as pessoas desse mercado umas com as outras, elas percebam que existem, passem a se enxergar e, assim, entendam qual é o sucesso.

Porque é o sucesso que as conecta.

Depois de o identificarem, provavelmente passarão a desejá-lo.

Isto significa que viver na cauda longa tem dois elementos essenciais:

1. Cria a contribuição mais definitiva, essencial, extraordinária para o campo.

2. Conecta o mercado para o qual você criou e os ajuda a ver que você pertence à cabeça curta, que esse sucesso é a cola que os mantém unidos.

Rocky Horror está na cabeça curta. Assim como a broca da furadeira de íon de lítio DeWalt 20V Max XR.

É o sucesso que nos une. Aquele item que deixa claro que vocês são pessoas como nós.

Sim, a internet é uma ferramenta de descoberta. Mas não, você não será descoberto assim.

Transpondo o abismo

Não fazemos ideia de quem descobriu o famoso desfiladeiro ou quem deu nome ao Grand Canyon, mas foi Geoff Moore quem descobriu o abismo. Ele é a lacuna negligenciada, mas geralmente fatal, na curva de Rogers, a curva de como as ideias se difundem pela cultura.

Os adotantes iniciais são os primeiros; eles compram coisas porque são novas, interessantes e um pouco arriscadas.

Fazem isso porque *gostam* de coisas novas, interessantes e um pouco arriscadas.

Mas há um problema. Não existem neófilos suficientes para espalhar a notícia. Grandes organizações, movimentos de massa e lucros substanciais muitas vezes dependem do mercado de massa — eles precisam da ação do resto de nós.

O mercado de massa é onde vivem a Heinz, a Starbucks, a JetBlue, a The American Heart Association e a Amazon e mais centenas de outras.

Como se chega lá?

A resposta intuitiva é que os adotantes iniciais levarão sua ideia às massas e pronto.

Mas, muitas vezes, não é assim.

Isso não acontece porque o mercado de massa quer algo diferente do que os adotantes iniciais. O mercado de massa quer *algo que funcione*. E que seja seguro. Uma correspondência de padrão, não uma interrupção. Eles levam o pensamento de "pessoas como nós fazem coisas assim" muito a sério.

O argumento de Moore era que poucas inovações passam de uma parte do mercado para a outra. Isso porque, para satisfazer os adotantes iniciais, talvez você só precise incomodar as massas. Precisamente aquilo que sua inovação faz (quebrar as coisas) é a única coisa que o mercado de massa não quer que aconteça.

Eles não querem trocar seus DVDs. Nem querem aprender a usar uma nova plataforma de software. Muitos menos querem ler as notícias online.

Para entender como é essa colisão, passe uma ou duas horas no *help desk* da loja da Apple. Confira quem está lá e por quê. Ouça suas perguntas e preste atenção às expressões faciais.

O meio da curva não adota as novidades com tanta ansiedade. Esse público mal consegue se adaptar. Por isso que escolheu estar no meio da curva.

Onde está a sua ponte?

A ponte para atravessar o abismo está nos efeitos de rede. A maior parte dos sucessos de marketing em rápido crescimento que conhecemos em nossas vidas se espalhou por causa de ideias que funcionam melhor quando todos as conhecem.

Os adotantes iniciais têm um enorme incentivo para levar sua ideia às massas, atravessando o abismo; suas vidas serão melhores se todos em sua rede também adotarem essa ideia.

Não há motivo para falar sobre um novo tipo de chocolate que você gosta muito. Não melhora sua vida se os outros comerem.

Por outro lado, você gasta muito tempo falando às pessoas sobre o Snapchat, o Instagram ou o Twitter, porque se seus amigos o seguirem, sua vida será melhor.

Esse é o simples poder de engrenagem dos efeitos de rede. *As tribos conectadas são mais poderosas que as desconectadas.* Indivíduos que chegam antes têm um incentivo para trazer os outros e assim o fazem.

Não é apenas tecnologia, é claro, embora essa seja frequentemente a força por trás das interrupções de padrões que refizeram nossa cultura.

Há um incentivo para que eu organize uma viagem de ônibus para Washington, D.C., para protestar contra a violência armada. Se mais pessoas vierem, não só criaremos mais impacto, como o dia também será mais divertido.

Há um incentivo para que seus amigos se inscrevam no sistema de agricultura comunitária local. Os agricultores não podem se dar ao luxo de participar apenas para atender algumas pessoas na vizinhança, mas se muitas pessoas comparecerem, haverá maior variedade para todos.

O movimento de ideias entre iguais é como atravessar o abismo — proporcionando às pessoas um efeito de rede que faça com que o entusiasmo pela mudança de ideias valha o esforço.

A ponte é construída sobre duas perguntas simples:

1. O que vou contar aos meus amigos?

2. Por que vou contar para eles?

As pessoas nunca contam aos seus amigos porque você quer ou pede que o façam ou porque você trabalhou arduamente em seu projeto.

É preciso dar um motivo a elas. E isso geralmente envolve mudar o que você oferece. Torne as coisas melhores fazendo coisas melhores — aquelas coisas que têm um efeito de rede, uma engrenagem, uma razão para compartilhar.

Sobrevivendo ao abismo

O Ciclo de Hype de Gartner é uma meta-análise brilhante sobre como a cultura se transforma.

O gatilho de tecnologia abre a porta para sua arte, à contribuição que deseja fazer. Ele interrompe um padrão.

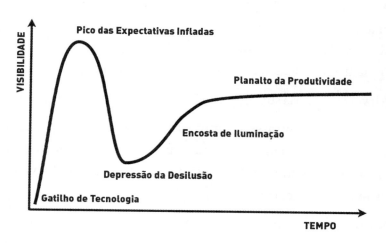

Nesse momento, o marketing pode ajudá-lo a alcançar os neófilos. Inevitavelmente, esses adotantes iniciais criarão burburinho sobre seu trabalho. Claro que sim, essa é uma das melhores razões para ser um adotante inicial.

Quando a ideia é apresentada ao resto do mercado, ela deixa de provocar todo aquele furor. Então vem a depressão. Essa é outra forma de encarar o abismo de Moore. É nesse momento, quando os neófilos estão entediados com você e o mercado de massa desdenha de seu produto, que você provavelmente perderá o ímpeto. Esse é o momento em precisará de uma ponte, uma nova forma de percorrer a cultura com histórias que combinam com as cosmovisões desse mercado novo e mais conservador.

E então, com muita persistência, você pode subir a encosta até o novo planalto, onde agora é indispensável para as massas. Um novo padrão substituindo o antigo.

Você pode não encontrar a ponte

Anos atrás, minha equipe no Squidoo lançou o hugdug.com.

A ideia por trás do HugDug era bem simples: você poderia criar uma página (levava cerca de quatro minutos) criando um perfil de qualquer produto da Amazon que amasse. Se escolhesse um livro, por exemplo, a página traria a capa, o título e um grande botão com um link.

Ali você colocaria sua própria resenha e qualquer conteúdo relevante.

Se alguém encontrasse a página e comprasse o livro, a Amazon nos pagaria royalties e doaríamos metade para sua instituição de caridade favorita. (Isso foi anos antes do smile.amazon.com, e doávamos 20 vezes mais para a caridade do que eles.)

Nossa aposta era que os autores ficariam felizes em promover seus livros dessa maneira — era mais fácil de controlar do que sua página da Amazon, e eles poderiam desfrutar do orgulho de ver suas informações bem apresentadas, sem mencionar o senso de filantropia de tudo isso.

Também esperávamos que o típico fanático pelo Pinterest considerasse uma página como essa não apenas divertida de criar, mas também gratificante, porque ajudaria a arrecadar dinheiro para uma causa que defendesse.

Nossa tese era de que poderíamos trabalhar para encontrar os adotantes iniciais, os neófilos ansiosos para experimentar coisas novas e interessantes na internet. Estávamos apostando que, uma vez que vissem que estava funcionando, eles fariam mais, nos levando mais profundamente para a cauda longa, criando milhares de páginas.

E que quando a notícia se espalhasse, chamaríamos os autores a participar, e eles promoveriam seus livros como loucos.

E que as pessoas que vissem qualquer uma de nossas páginas do HugDug não apenas comprariam tanto quanto na Amazon (afinal de contas, era o mesmo preço), mas construiriam suas próprias páginas (aumentando seu status porque estavam compartilhando ideias entre uma multidão de elite, e tudo isso a serviço da filantropia).

Conseguimos operar por meses, mas fracassamos.

Imagino que a principal razão de nosso fracasso foi que, mesmo que tivéssemos muitas tentativas (milhares de páginas foram criadas), não conseguimos nada muito impressionante. Menos de seis pessoas criaram mais de dez páginas ou as promoveram muito.

A tensão se dissipou de forma muito rápida. As pessoas não encontravam bons motivos para voltar depois de uma única visita. A cauda longa era tão longa que não era incomum que uma página do HugDug não vendesse nenhum livro em um mês. E a maioria das pessoas hesitava em promover uma página, porque, por mais que seja mais fácil agora, ainda é emocionalmente difícil forçar seus amigos a visitar um site de compras online.

A lição foi que conseguir um sucesso semelhante ao Kickstarter é sempre mais difícil do que parece. Fomos ingênuos em acreditar que quatro meses era tempo suficiente para criar um sucesso instantâneo. Subestimamos a dificuldade de criar incentivos suficientes e, acima de tudo, falhamos em criar uma dinâmica de tensão que teria transformado nossos primeiros usuários em embaixadores conectados que teriam feito a engrenagem funcionar quando atravessássemos o abismo.

Não fizemos o suficiente para contar uma história sobre o status, e não fomos suficientemente específicos sobre quem seriam nossos primeiros clientes, o que eles poderiam querer, acreditar e dizer.

Estudo de caso: Facebook e a travessia do maior abismo

Em nossa vida, pouquíssimas marcas fizeram a travessia completa para o mercado de massa. A Starbucks, familiar para a maioria das pessoas lendo este livro, ainda não completou sua travessia, muito menos a Heineken ou o bagel.

Mas o Facebook conseguiu.

O gráfico a seguir mostra como.

Cada barra representa usuários durante um determinado ano (o mês mudou no meio do caminho, mas a ideia é a mesma). Por volta de 2008, todo um novo grupo de pessoas começou a usar o Facebook.

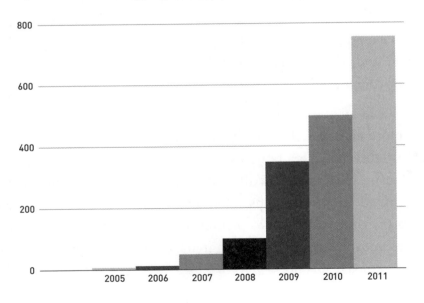

Esse salto aconteceu porque a motivação para a inscrição mudou de "isso até que é interessante" para "isso me ajudará de forma imensurável" e em determinado ponto atingiu a noção de "sou a última pessoa na Terra que não está usando isso".

Começar em Harvard foi parte do segredo. O aluno inseguro de Harvard tinha uma necessidade urgente de status: descobrir qual sua posição na hierarquia.

Quando se espalhou pela Ivy League, o Facebook começou a cruzar abismos locais um após o outro. Em cada faculdade, havia um neófilo pronto para adotar a nova ferramenta (porque gostava de ser o primeiro), mas a incansável engrenagem de status mantinha a disseminação. Quanto mais amigos você tiver no Facebook, maior será seu status. Os que já estavam no Facebook tinham um status que você admirava (outros estudantes da Ivy League). O Facebook foi plantado no melhor lugar possível, cercado por jovens inseguros e com alto status, com conexões rápidas à internet, muito tempo livre e um desejo insaciável de serem vistos, estarem conectados e subirem alguma hierarquia invisível.

Depois de se espalhar por essa tribo local, não foi difícil o salto para outras faculdades e, finalmente, para o grande público.

Este último foi o salto bilionário. E mais uma vez, as funções de status entram em cena. Como o Facebook conseguiu combinar ser um nerd e ter status, eles foram capazes de cercar o meio do mercado e criar uma engrenagem irresistível. Participe ou enfrente seu pior medo — estar isolado socialmente.

Por mais que os profissionais de marketing gostem de dar esse último grande salto, ele é improvável. O mercado é muito grande e o efeito de rede típico não é tão forte.

Atravessando o abismo local

A boa notícia é que você não precisa atravessar um abismo global. Um abismo local já é capaz de mudar tudo.

A escola de ensino fundamental local é um bom exemplo. Uma criança leva um ioiô na segunda-feira. Mas é a criança errada no dia errado.

Algumas semanas mais tarde, uma aluna carismática do quinto ano leva seu ioiô, e anuncia que fundará a União do Ioiô, um clube exclusivo, aberto a todos. Ela é muito boa nos truques, mas não tão boa a ponto de os outros se sentirem intimidados. E ela leva mais três ioiôs, para suas amigas.

Logo em seguida, as quatro estão no parquinho, fazendo seus truques com seus ioiôs. Ela escolheu com sabedoria — cada uma dessas adotantes iniciais é uma líder por si só. Uma semana depois, já vemos 30 crianças com ioiôs no parquinho. O custo de entrada é baixo, a recompensa é rápida e a conexão parece real.

Uma semana depois, parece que toda a escola está brincando.

Como os ioiôs são uma moda passageira, sem aderência, a chama se apaga tão rápido quanto se espalha. Claro, não precisa ser assim se você construir identidade e persistência.

A mesma travessia aconteceu com as botas Ugg, com as mochilas pretas e com os skates de plástico.

Nós só percebemos os que cruzam um abismo local, mas os adotantes iniciais estão sempre em experimentação pelas bordas. Apenas quando a combinação entre adoção e efeitos de rede cria tensão suficiente para a ideia atravessar o abismo local é que isso se torna visível.

Água limpa em uma aldeia local

Para os sortudos e privilegiados, água potável é algo óbvio. Nunca conhecemos nenhuma outra forma de água.

Para um bilhão de pessoas em todo o mundo, porém, o normal é uma água suja, infestada de parasitas. Muitas vezes, sendo preciso muitas horas de caminhada para buscá-la, a mesma água essencial para a vida é também a que deixa as pessoas doentes.

Considere o caso da Water Health International. Quando a WHI chega a uma aldeia com o seu quiosque de purificação de água, alguns residentes entendem imediatamente a possibilidade de impacto. Eles compram um galão especial da WHI e pagam para que enchê-lo todos os dias. Os poucos centavos gastos em água limpa são rapidamente compensados pelo tempo economizado, aumento da produtividade e redução das despesas médicas.

E ainda assim, nem todos compram a água imediatamente. A maioria das pessoas não o faz. Na verdade, é exatamente a mesma curva de adoção de quase tudo, desde brinquedos a computadores. Os adotantes iniciais compram primeiro. Eles podem ser cultos o suficiente para perceber o poder da água limpa, mas é mais provável que eles simplesmente gostem de comprar novidades.

Eles não apenas estão ansiosos para ser os primeiros, mas também querem falar sobre sua experiência. Os galões de água de cores vivas que a WHI utiliza (para que saibam que não estão reabastecendo um recipiente infectado) são um distintivo de honra e um convite para a conversa. Mas ainda assim, os primeiros dias são sempre bastante lentos. Mudar um hábito que vem de gerações e que é tão necessário à sobrevivência quanto a água não acontece imediatamente.

Ainda assim, os adotantes iniciais continuarão falando sobre isso. Água potável é uma necessidade diária, para sempre; não é uma moda passageira. E é fácil compartilhar e falar sobre a água.

Para ampliar a mudança local, a WHI envia representantes à escola local. Equipado com um projetor de microscópio, o representante trabalha com o professor e pede que cada aluno traga amostras de água de suas casas.

Projetando as amostras na parede, o microscópio conta uma história vívida que ressoa com os alunos de 8 anos de idade. Os germes são assim. Os parasitas são desta forma. Inevitavelmente, os estudantes voltam para casa e contam para os pais.

E aí o status entra em ação.

Quando seu filho fala que seus vizinhos têm água limpa... e você não. Quando você vê os membros respeitados da hierarquia da aldeia, carregando os distintos galões. Quando hesita em hospedar alguém em sua casa porque não tem água potável para oferecer.

Essa é a engrenagem, mas não se baseia em efeitos óbvios de rede de software. É baseada no efeito de rede original, construída em torno de pessoas nos arredores. À medida que mais e mais pessoas na aldeia têm água limpa, as que não têm se tornam socialmente isoladas e também se sentem estúpidas. A maioria pode pagar pela água (por causa das economias de tempo e impacto), mas a mudança emocional é a parte difícil.

Em poucos meses, a água cruzou o abismo local dos adotantes iniciais até o resto da aldeia.

Uma observação sobre marketing B2B

B2B significa *business to business* — quando uma empresa vende algo para outra.

Representa um terço ou mais de muitos mercados. E o marketing B2B não é diferente.

Parece complicado, algo completamente distinto. Números enormes, RFPs [solicitações de propostas], foco no atendimento de especificações, guerra de preços, longos ciclos de vendas e nada de diversão.

Porém, é mais simples que isso.

Considere o crescimento da certificação LEED nos Estados Unidos. O Green Building Council tem um conjunto de padrões de eficiência que edifícios (um dos itens mais caros do mundo) devem atender. Quando foi lançado pela primeira vez, apenas dois edifícios por dia pediam a certificação.

Esses foram os adotantes iniciais — arquitetos e construtores que queriam algo novo sobre o que falar.

Nesse ritmo, levaria 100 anos para atingir os números que eles atingiram em apenas 12.

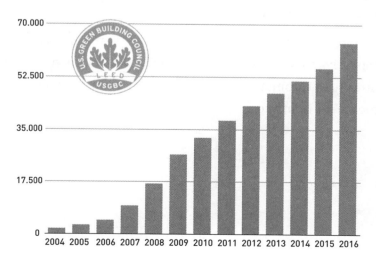

O que aconteceu? Pouco antes da crise imobiliária, o número de certificações avançou e continuou no ritmo. Por quê?

Pensemos nisso pela cosmovisão do desenvolvimento imobiliário. Alguém está prestes a gastar um valor bem alto para construir um prédio, seja para alugar ou revender.

Se apenas algumas pessoas insistirem na certificação LEED em um prédio que alugam ou compram, já é o suficiente para conferir status aos donos de um desses prédios. E se você economizasse na construção do prédio, teria que lidar com o pesar e o medo de terminar com um prédio visto como defeituoso por algumas pessoas.

E então, há uma corrida para ser o melhor.

Cada empreendedor tem uma narrativa, e essa narrativa leva à decisão egoísta (mas em última instância, positiva) de obter a certificação.

A única pergunta que todo comprador de negócios se faz é: "O que direi ao meu chefe?"

Você está comercializando a resposta para essa pergunta: "Se você escolher isso, pode dizer ao seu conselho/investidor/chefe que você..."

O profissional de marketing que está sem ideias ou energia termina a frase com "...comprou o mais barato."

Para o resto de nós, há a oportunidade de terminar essa frase com uma narrativa sobre status, medo, afiliação, pertencimento, domínio, segurança, comprometimento, insight ou qualquer uma das outras emoções que discutimos.

» CAPÍTULO VINTE «

Organizando e Liderando uma Tribo

Não é sua tribo

Essa é a primeira coisa que digo àqueles que falam sobre as pessoas com as quais têm a sorte de trabalhar e liderar.

A tribo não lhe pertence, então você não pode dizer aos membros o que fazer ou usá-los para seus próprios objetivos.

Se tiver sorte, há uma tribo que o ouvirá e pensará no que você diz.

Se tiver sorte, eles interpretarão suas palavras de uma forma que imaginam que os ajudará a levar adiante a missão da tribo, e você terá a chance de fazer isso novamente.

E se investir neles, verá o que eles querem e do que precisam. Você pode desenvolver empatia por eles, entender sua narrativa e servi-los novamente.

A tribo provavelmente sobreviveria se você fosse embora. O objetivo é que sentissem sua falta, se isso acontecesse.

O poder do agora, em detrimento do mais tarde

Marshall Ganz é o brilhante professor de Harvard que já trabalhou tanto com Cesar Chavez quanto com Barack Obama. Ele formulou uma simples narrativa em três etapas para a ação: a minha história, a nossa história e a história do agora.

A sua história lhe dá uma base, uma plataforma da qual falar. Você é generoso conosco quando fala sobre sua transição — de quem costumava ser para quem você se tornou.

Não se trata de dramatizar sua situação ou a falsa empatia da vulnerabilidade online. Em vez disso, a sua história é a *chance que você tem de explicar que é uma pessoa como nós.* Que fez coisas assim. Que suas ações levaram a uma mudança, daquelas que podemos ouvir, ver e entender.

A nossa história é o núcleo de uma tribo. Por que somos semelhantes? Por que devemos nos importar? Posso ter a empatia de imaginar que posso estar em seu lugar?

A nossa história é sobre estarmos juntos, não separados. Isso explica por que sua história é relevante para nós, e como nos beneficiaremos quando fizermos parte do grupo de pessoas como nós.

E **a história do agora** é o pivô que muda tudo. A história do agora chama a tribo à sua jornada. É a oportunidade/pressão do grupo que fornecerá a tensão para todos avançarmos juntos.

Eu era como você. Eu estava no deserto. Então aprendi alguma coisa e agora estou aqui.

Obviamente, não estou sozinho. Não fiz isso sozinho, e a dor que vi em mim mesmo, vejo em você. Juntos, podemos melhorar isso.

Entretanto, se hesitarmos ou deixarmos os outros para trás, não funcionará. Devemos fazer isso juntos, sem remorso, sem ceder ao medo, pela urgência do agora.

A sua história.

A nossa história.

A história do agora.

Aqui temos um exemplo simples: "Eu estava com 25kg de sobrepeso. Minha saúde estava destruída e meus relacionamentos, pior ainda. Então descobri a patinação artística competitiva. Foi difícil no começo, mas graças aos meus novos amigos na pista, cheguei ao ponto em que passou a ser divertido. Em poucos meses, tinha perdido dezenas de quilos, porém, o mais importante, me sentia bem comigo mesma."

"A verdadeira vitória para mim, no entanto, foram as amizades que fiz. Descobri que não só me sentia fisicamente bem, mas estar no gelo com pessoas — velhos amigos como você, e novos amigos que eu fazia no rinque — fazia-me sentir mais viva."

"Estou tão feliz por você querer vir para a pista hoje. Liguei com antecedência e eles reservaram patins para você..."

No primeiro parágrafo, ouvimos a história da nossa amiga, uma narrativa do movimento daqui para lá.

O segundo fala sobre como isso muda as relações dela, inclusive para pessoas como nós.

E no terceiro, temos um chamado à ação, uma razão para fazer algo agora.

A manipulação é o que mata a tribo

Em *Rules for Radicals*, o conhecido organizador sindical Saul Alinsky expôs 13 princípios que podem ser usados em cenários políticos de jogo de soma zero para desencorajar e derrotar inimigos:

> "O poder não é apenas o que você tem, mas o que o inimigo acha que você tem."

> "Nunca vá além da especialidade da sua equipe."

> "Sempre que possível, vá além da especialidade do inimigo."

> "Faça o inimigo viver de acordo com seu próprio manual de regras."

> "O ridículo é a arma mais potente do homem."

> "Uma boa tática é aquela que sua equipe gosta."

> "Uma tática que se arrasta por muito tempo se torna um empecilho."

> "Mantenha a pressão."

> "A ameaça é geralmente mais aterrorizante do que a coisa em si."

> "A principal premissa para as táticas é o desenvolvimento de operações que manterão uma pressão constante sobre a oposição."

> "Se você insistir em uma negativa de forma forte e profunda o suficiente, ela se transformará em seu oposto."

> "O preço de um ataque bem-sucedido é uma alternativa construtiva."

> "Escolha o alvo, congele-o, personalize-o e polarize-o."

Infelizmente, essa abordagem hoje é muito usada por ambos os lados em praticamente qualquer questão, e isso contraria o discurso empírico. Quando se tem tanta certeza de um pensamento a ponto de estar disposto a queimar tudo, mais cedo ou mais tarde todos acabarão em um prédio em chamas.

O que acontece se invertermos as regras?

"Coloque as pessoas para trabalhar. É ainda mais eficaz do que dinheiro."

"Desafie sua equipe a explorar, aprender e se sentir confortável com a incerteza."

"Encontre maneiras de ajudar os outros a encontrar bases sólidas no caminho."

"Ajude os outros a escrever regras que lhes permitam atingir seus objetivos."

"Trate os outros do jeito que gostaria de ser tratado."

"Não critique por diversão. Faça isso quando for ajudar a educar, mesmo que não seja divertido."

"Mantenha suas táticas por muito tempo mesmo depois de todos estarem entediados com elas. Só pare quando elas pararem de funcionar."

"Não há problema em interromper a pressão de vez em quando. As pessoas prestarão atenção em você e na mudança que procura quando não puderem ignorar este fato constantemente."

"Não faça ameaças. Aja ou não aja."

"Construa uma equipe com capacidade e paciência para fazer o trabalho que precisa ser feito."

"Se trouxer suas ideias positivas para o primeiro plano, repetidamente elevará o nível para todos os outros."

"Resolva seus próprios problemas antes de passar muito tempo encontrando problemas para os outros."

"Celebre sua equipe, liberte-a para fazer ainda mais, coloque o foco sobre o grupo e convide a todos. Discorde das instituições, não das pessoas."

Todos os 13 princípios levam à missão do profissional de marketing. Engajar as pessoas e as ajudar na criação da mudança que elas buscam. Entender suas cosmovisões e falar e agir de forma alinhada com quem são e o que querem. Conectar as pessoas umas com as outras em um jogo infinito de possibilidades.

Interesses, objetivos e idioma compartilhado

Uma tribo não precisa ter um líder, mas geralmente é composta por pessoas que compartilham interesses, objetivos e idioma.

Sua oportunidade como profissional de marketing é a chance de conectar os membros da tribo. Eles são solitários e desconectados, temem não ser vistos, e você, como agente de mudança, pode fazer essa conexão acontecer.

Você pode criar intencionalmente artefatos culturais, usar funções de status para elevar uma fantasia, uma série de códigos ou até mesmo um aperto de mão secreto. Você pode ser Betsy Ross e costurar a bandeira (a Betsy Ross mesmo, o próprio conceito de Betsy Ross, é um símbolo).

Não diga tudo, e não torne óbvio. Tudo bem que há apertos de mão secretos, pistas de informações escondidas e características desconhecidas. É bom que o compromisso e a longevidade ganhem uma vantagem extra.

Você pode desafiar a tribo a ir mais longe, incentivá-la a adotar objetivos e impulsioná-la. Quando a Nike doou milhões de dólares para o Breaking2, um projeto inovador que pretendia quebrar a marca de duas horas na maratona, eles estavam envolvidos e desafiando a tribo. Mesmo que não tivessem sucesso, eles (e os membros da tribo que se organizam ao seu redor) sairiam na frente.

Acima de tudo, a tribo está esperando você se comprometer.

Os membros da tribo sabem que a maioria dos profissionais de marketing são operadores inexperientes, batendo nas portas e seguindo em frente. Mas alguns arregaçam as mangas e se comprometem. E, em troca, a tribo se compromete com eles.

Porque, quando se faz parte de uma tribo, o sucesso deles é o seu sucesso.

Se você deixar, vai sumir

Há a esperança de que você possa criar um movimento e, então, simplesmente sair do caminho à medida que ele ganhar vida própria.

Uma visão de que, depois de atravessar o abismo local, você se tornará uma parte permanente da cultura e poderá passar ao próximo desafio, porém isso raramente acontece, na verdade.

Sempre há novas ideias que acenam para os adotantes iniciais. Eles estão à espreita e serão os primeiros a abandonar você, mas aqueles que admiram o status quo também podem partir assim que a tensão acabar. Eles podem ter adotado seu restaurante, seu software ou seu movimento espiritual por um tempo, contudo, o status quo original do qual se afastaram também persiste e, sem insumos persistentes e consistentes ou novas tendências, eles progressivamente deixarão de apoiar você.

Há uma meia-vida no trabalho. Para qualquer comportamento tribal sem uma manutenção enérgica, metade da atividade desaparecerá. Todos os dias, meses e anos — não temos certeza de qual é a meia-vida de um determinado movimento, mas você pode esperar que ele em certo ponto desaparecerá.

A alternativa é reinvestir, ter a coragem de se contentar com aqueles que conseguiu arrebanhar, em vez de estar sempre distraído perseguindo o próximo integrante.

Os melhores profissionais de marketing são agricultores, não caçadores. Plantam, cuidam, aram, fertilizam, removem ervas daninhas, e fazem tudo de novo. Deixe outra pessoa correr atrás de objetos brilhantes.

Alugue um quarto na cidade

Zig Ziglar era um vendedor de panelas e frigideiras de porta em porta. Na década de 1960, isso era um sucesso.

A maioria dos 3 mil representantes de sua empresa seguia o mesmo plano. Enchiam seus carros com amostras e pegavam a estrada. Eles visitavam uma cidade, faziam todas as vendas fáceis, entravam no carro e seguiam para a próxima cidade.

ORGANIZANDO E LIDERANDO UMA TRIBO 239

Os adotantes iniciais, como vimos, são mais fáceis de encontrar e de receber a venda.

Zig tinha uma estratégia diferente.

Ele entrava em seu carro, encontrava uma cidade nova e mudava-se para lá. Reservava um quarto por semanas a fio. Ele marcava presença e continuava presente.

Claro, ele fez as mesmas vendas aos adotantes iniciais que todos os outros fizeram, mas então as pessoas notaram que ele não ia embora como todos os outros vendedores que vieram antes. Ele ficava.

Ao seguir organizando jantares de demonstração, ele passou a conhecer as pessoas da cidade. Ele pôde chegar a se envolver com alguém no meio da curva cinco, seis ou até sete vezes ao longo de um mês.

O que é, precisamente, o que esse tipo de pessoa quer antes de tomar uma decisão.

Zig fez as contas. Ele entendeu que embora a maioria dos vendedores fosse embora ao chegar ao abismo, ele poderia construir uma ponte humana ali. Haveria dias sem vendas, mas tudo bem, porque depois de cruzar o abismo local, o volume compensaria o tempo investido.

As vendas fáceis nem sempre são as mais importantes.

CAPÍTULO VINTE E UM

Alguns Estudos de Caso Usando o Método

"Como consigo um agente?"

Essa é a pergunta que roteiristas, diretores e atores recebem o tempo todo. Esse ramo tem seus "porteiros" e você não tem as chaves para o portão, então um agente é a resposta.

Mas como Brian Koppelman generosamente apontou, não funciona assim tão diretamente. Claro, o agente buscará conexões, mas não será seu representante de vendas em tempo integral, fazendo ligações dia e noite e incansavelmente divulgando seu trabalho.

O método não é sair e encontrar um agente. Mas sim fazer um trabalho tão incrivelmente mágico que agentes e produtores procurem você.

Você, que se importou o suficiente para colocar tudo em risco, se apaixonou por seus espectadores e seu ofício, e que fez algo que valia a pena.

Não precisa ser um longa-metragem ou uma peça vencedora do Pulitzer. Na verdade, a abordagem funciona melhor se não for algo totalmente finalizado e completo.

O melhor trabalho criará um desequilíbrio no espectador, que só pode ser remediado com a disseminação da notícia, experimentando isso junto de outra pessoa. A tensão que esse desequilíbrio cria força o compartilhamento da notícia. A pergunta: "Você viu...?" eleva o status da pessoa que questiona, e os divulgadores se multiplicam.

O que importa é a conexão. Todo mundo tem 10 amigos, 50 colegas, 100 conhecidos. E você pode persuadi-los a prestigiar seu trabalho... e aí o que acontece?

Se for algo vibrante, impactante e o tipo certo de tensão for criado, eles sentirão a necessidade de contar para outras pessoas.

Porque contar as novidades é da natureza humana. É particularmente o que fazemos quando trabalhamos com ideias. Dizer aos outros como fomos mudados é a única maneira de aliviar nossa tensão.

Esse é o trabalho árduo a que me refiro muitas páginas atrás. A difícil tarefa de decidir que esse é o seu chamado, de assumir a responsabilidade perante as pessoas que pretende mudar.

Seja o primeiro a fazer isso.

A Tesla arruinou os outros carros primeiro

Quando o Tesla Model S foi lançado, sua principal função era contar uma história que, para muitos neófilos de carros de luxo, arruinaria seu carro atual.

Arruinar no sentido de que tê-lo perderia a graça.

Não seria mais algo de que se gabar.

Não aumentava o status como uma pessoa inteligente e rica, que era claramente mais inteligente e mais rica do que todas as outras.

Um proprietário de carro de luxo com esse perfil foi dormir na noite anterior, deleitando-se com a ideia de que o carro na sua garagem era o mais novo, reluzente e moderno de todos. E que era seguro, eficiente e digno.

E então, acordou e descobriu que a história não era mais essa.

A Tesla entendeu que ninguém que comprou um de seus primeiros 50 mil veículos realmente precisava de um novo. Todos já tinham carros perfeitos.

Então, Elon Musk criou um carro que mudou a história que um grupo específico contou a si mesmo, uma história que desfez seu status de pioneiros e nerds de tecnologia e defensores ambientais, além de apoiadores de inovações audaciosas.

Tudo de uma vez.

As empresas automobilísticas existentes sempre tiveram dificuldade em transformar carros-conceito em projetos reais. Elas lançam carros-conceito nos salões de automóveis para normalizá-los, socializar as inovações, aumentar a probabilidade de que o carro real, em alguns anos, não seja um fracasso.

Eles não conseguiram lançar o Tesla. Não por não saber como (eles sabiam) e nem porque não tinham os recursos (eles tinham). Não, a Ford, a GM e a Toyota não lançaram o Tesla porque empresas de carros como elas não assumem riscos como esse. E os clientes delas pensavam o mesmo.

Fazer um carro que poderia ter o impacto que o Tesla teve na história dos carros de luxo não foi fácil. Musk optou por extremos difíceis ao posicionar o carro em favor de seus fãs: é o carro mais rápido, mais seguro e mais eficiente de todos os tempos. Essas três coisas ao mesmo.

Essa ousadia está disponível para mais e mais organizações à medida que a tecnologia muda do pensamento de "Pode ser feito?" para "Será que temos coragem de fazer?"

A NRA como modelo

Existem poucos grupos no mundo mais controversos do que a National Rifle Association. Mas, como profissionais de marketing sem fins lucrativos/políticos, ninguém se compara a eles.

Com apenas 5 milhões de membros, menos de 2% da população, eles usaram essa base para mudar a atitude e o foco de milhares de legisladores. Apesar de geralmente serem considerados vilões pelo grande público, eles continuam a frustar as expectativas quanto ao seu impacto, receita e perfil.

Quando as organizações sem fins lucrativos falam sobre como mudar corações e mentes, tendo como alvo "todos" e buscando crescimento, a NRA pode ensinar lições estratégicas cruciais neste quesito. Ao se concentrar no mínimo público viável (apenas cinco milhões de pessoas), a NRA consegue com muita facilidade dizer: "Não é para você."

Ao ativar esses membros e facilitar que as conversas sejam disseminadas entre amigos, eles são capazes de criar uma alavancagem significativa. Um estudo da Pew mostra que os donos de armas têm duas vezes mais probabilidade de contatar oficiais do governo sobre seus problemas do que os que não têm armas.

A NRA cria intencionalmente a ideia de "pessoas como nós". Eles aproveitam bem a ideia de pessoas de dentro e de fora do grupo, e geralmente emitem declarações públicas que são, na melhor das hipóteses, perigosamente segregadoras. Eles transformaram uma vertente da cultura de formas significativas, e não o fizeram mudando cosmovisões, mas abraçando-as.

A NRA não é a minha versão do "melhor", mas claramente toca aqueles a quem ela busca servir.

Essa abordagem persistente e disciplinada de uma questão é exatamente a mudança que ela criou em nossa cultura.

Conseguindo o sim do chefe

Uma coisa é fazer marketing para o mundo, mas é bem diferente fazer marketing para uma única pessoa... tipo o seu chefe.

Só que não. Não mesmo.

Seu chefe provavelmente não está ansioso para mudar sua cosmovisão. Ele quer o que sempre quis. Enxerga as coisas através das lentes da experiência dele, não da sua. Ele está ciente de quem são as pessoas como nós e o que elas pensam. O desejo dele é fazer coisas que o ajudem a alcançar seus objetivos, que provavelmente incluem status, segurança e respeito.

Se oferecer a ele o que você deseja, focando preços, recursos ou uma falsa urgência, é improvável que receba a resposta que procura.

Se você abordá-lo pedindo autoridade sem oferecer responsabilidade, é improvável que isso chegue muito longe.

Mas se conseguir ir mais fundo e enxergar as funções de status, decodificar o domínio versus afiliação e usar a confiança para obter mais aderência, esse processo pode mudar.

Servir as pessoas para quem você faz marketing pode melhorar sua produção. Transformando seus clientes em estudantes. Ganhando adesão. Ensinando. Conectando-se. Passo a passo, gota a gota.

⫸ CAPÍTULO VINTE E DOIS ⫷

O Marketing Funciona, e Agora Chegou a sua Vez

A tirania do perfeito

O perfeito fecha a porta. Ele declara que alcançamos nosso limite, que é o melhor que podemos fazer.

A pior parte disso, o perfeito nos impede de tentar. Buscar a perfeição e não alcançá-la é falhar.

A possibilidade do melhor

O melhor abre a porta. Ele nos desafia a ver o que há pela frente e nos exige imaginar como podemos melhorar com base nisso.

O melhor nos convida e dá a chance de buscarmos uma melhoria drástica em favor daqueles que buscamos servir.

A magia do bastante

Bom o bastante não é uma desculpa ou um atalho. Ele leva ao engajamento.

O engajamento leva à confiança.

A confiança nos dá a chance de enxergar (se escolhermos olhar).

E enxergar nos permite aprender.

O aprendizado nos permite fazer uma promessa.

E uma promessa pode ganhar aderência.

E a aderência é precisamente o necessário para chegarmos ao melhor.

Entregue seu trabalho. Está bom o suficiente.

Então, melhore-o.

Ajuda!

Quando a oferecemos, estamos sendo generosos.

Quando a pedimos, estamos confiando em alguém para nos ver e se importar conosco.

Por outro lado, quando alguém se recusa a oferecer ou pedir ajuda, todos se fecham, permanecem na defensiva, com medo do outro.

Se não houver conexão, não há como melhorar as coisas.

CAPÍTULO VINTE E TRÊS

Fazendo Marketing para a Pessoa Mais Importante

O marketing é cruel?

Se você gastar tempo e dinheiro (com habilidade), a história que contar se disseminará, influenciará pessoas, mudará ações. O marketing pode fazer com que as pessoas comprem algo que não teriam comprado se não houvesse divulgação, votem em alguém que talvez não teriam considerado como candidato e apoiem uma organização que, sem essa propaganda, seria invisível.

Se o marketing não funciona, muitos de nós estão desperdiçando muito esforço (e dinheiro). Mas ele funciona.

Então, isso torna o marketing algo ruim? Em uma reportagem sobre o meu blog publicada na revista *Time*, o autor escreveu, em tom de humor: "A pergunta que você nunca verá: o marketing é cruel? Com base em uma longa carreira no setor, minha resposta seria 'sim'."

Na verdade, preciso retificar o que esse especialista disse. Eu acrescentaria: Os profissionais de marketing são cruéis? Com base em uma longa carreira no setor, minha resposta seria: "alguns deles".

Considero algo ruim persuadir os jovens a começar a fumar, manipular cinicamente o processo eleitoral ou político, mentir para as pessoas de formas que gerem efeitos colaterais desastrosos. Considero cruel vender uma poção ineficaz quando há um medicamento eficaz disponível. Parece-me maldade criar novas maneiras de transformar o ato de fumar em algo mais aceitável, apenas para faturar um pouco a mais.

O marketing é algo bonito quando leva pessoas a tomarem uma vacina contra a pólio ou a lavar as mãos antes de realizar uma cirurgia. Ele pode ser algo poderoso quando vende um produto para alguém que encontra mais alegria ou produtividade depois da compra. O marketing é mágico quando ele elege alguém que muda a comunidade para melhor. Desde que Josiah Wedgwood inventou o marketing há alguns séculos, ele tem sido usado para o aumento de produtividade e riqueza.

Estou sendo muito corajoso ao dizer a você que seu trabalho pode ser imoral. Roubar a casa de alguém e colocar fogo em tudo é imoral, mas levá-la a leilão como execução da hipoteca também não seria? Bem, se o marketing funciona, se valem a pena o tempo e o dinheiro que gastamos com ele, então acredito que não interessa nem um pouco que você esteja "apenas fazendo o seu trabalho". Ainda é algo errado.

Assim como toda ferramenta poderosa, o impacto vem do artesão, não da ferramenta. O marketing tem hoje mais alcance e velocidade do que jamais teve. Com menos dinheiro, é possível criar um impacto muito maior do que era imaginável há dez anos. A pergunta, que espero que você se faça, é: *O que você vai fazer com esse impacto?*

Na minha concepção, o marketing atua em favor da sociedade quando o profissional de marketing e o consumidor têm consciência do que está acontecendo e o resultado final é satisfatório para ambos. Não acho que seja cruel fazer alguém feliz vendendo cosméticos, porque a beleza não é a meta — é o processo que traz alegria. Mas enganar alguém para receber uma comissão de venda de uma casa...

Poder comercializar algo não significa que deveria fazê-lo. Se você detém o poder, isso significa que também é responsável, independentemente do que seu chefe queira que você faça.

A boa notícia é que não sou eu quem decide o que é cruel e o que não é. Quem decide é você, seus clientes e seus vizinhos. A notícia ainda melhor é que o marketing público e ético em algum momento derrotará o modelo que é reforçado pelas trevas.

O que você vai construir agora?

O que fazemos com todo o burburinho que acontece em nossas cabeças?

Onde encontramos a força para trazer o nosso *melhor* para o mundo?

Por que é tão difícil desenvolver um ponto de vista? Por que hesitamos quando dizemos ao mundo: "Olha só, eu fiz isso"? E qual é a alternativa à hesitação?

Essas não parecem questões de marketing, mas, na verdade, se ficarem sem resposta, atrapalharão seu marketing. Pessoas não tão talentosas ou generosas quanto você estão lhe dando um baile, porque elas agem como profissionais. Enquanto muitas pessoas com algo a oferecer estão ficando para trás.

Há uma diferença entre ser bom no que faz, ser bom em fazer uma coisa e ser bom em marketing. Precisamos do seu ofício, sem dúvida; mas precisamos ainda mais da mudança que pretende criar.

É um risco escolher fazer mudanças. Parece incerto, carregado de responsabilidade. E pode não funcionar.

Se você der o seu melhor para o mundo, o seu melhor trabalho, e o mundo não o receber, é perfeitamente possível que o seu marketing seja terrível.

É perfeitamente possível que você tenha empatia pelo sentimento das pessoas.

É perfeitamente possível que tenha escolhido os eixos errados, e que não tenha alcançado as bordas.

É perfeitamente possível que esteja contando a história errada, para a pessoa errada, da maneira errada no dia certo, ou mesmo no dia errado.

Tudo bem, mas isso não é sobre você.

Isso é sobre o seu trabalho como profissional de marketing. E você pode melhorar nesse ofício.

O que fazemos — seja cirurgia, jardinagem ou marketing — não é quem *somos*, é o trabalho que fazemos.

Somos humanos. Não somos nosso trabalho. Como humanos, podemos escolher fazer o trabalho, e podemos optar por melhorar nosso trabalho.

Se vamos levar para o lado pessoal sempre que alguém não clicar em um link, toda vez que alguém não renovar a assinatura, não poderemos fazer nosso trabalho como profissionais. E, portanto, ficamos presos em busca da perfeição. Presos e sem empatia. Estagnados em um canto, sofrendo e chorando, porque fomos pessoalmente criticados.

Uma maneira de evitar isso é perceber que o marketing é um processo e um ofício.

Só porque seu projeto não deu certo não significa que você não é uma boa pessoa. Significa simplesmente que algo deu errado e que talvez um pouco de reflexão e aprendizado possa ajudá-lo a seguir em frente. Você pode fazer melhor.

FAZENDO MARKETING PARA A PESSOA MAIS IMPORTANTE 253

Perceba que, como profissional de marketing, o *melhor* que está tentando ensinar ou vender para a pessoa certa vale muito mais do que o preço que você está cobrando.

Se busca arrecadar dinheiro para uma instituição de caridade, alguém que doa $100, $1.000 ou $1 milhão só o fará se receber em troca mais do que o custo da doação. Se estiver vendendo um produto por $1.000, as únicas pessoas que o comprarem o farão porque acreditam que vale mais do que $1.000.

Trazemos valor ao mundo quando fazemos a divulgação. É por isso que as pessoas se envolvem conosco.

Se você não vender a mudança que gostaria de proporcionar, está sendo desonesto.

É assim que você oferece mais valor do que está cobrando. E, por isso, é uma pechincha. Um presente.

Se hesitar em divulgar sua oferta corretamente, você não está sendo tímido. Nem circunspecto. Está sendo desleal, porque há alguém que precisa aprender, envolver-se ou comprar de você.

Alguém se beneficiará do seu melhor se você sair da mesmice e divulgá-lo.

Tem sempre um estudante pronto para se inscrever. Tem sempre alguém procurando um guia, querendo ir a algum lugar. Se hesitar em distribuir empatia, em ouvi-los, você estará nos decepcionando.

A contribuição do profissional de marketing é a disposição para ver e ser visto.

Para fazer isso, precisamos ser capazes de vender para nós mesmos, nos expor todos os dias. Divulgar nossa capacidade de fazer a diferença, se persistirmos com generosidade e cuidado.

Você já está contando uma história para si mesmo. Todos os dias.

Podemos vender para nós mesmos a ideia de que estamos indo contra as dificuldades. Podemos dizer a nós mesmos que somos desconhecidos e merecemos essa condição. Podemos também dizer a nós mesmos que somos farsas, fraudes, manipuladores. E até dizer que somos injustamente ignorados.

Essas afirmações são tão verdadeiras quanto quisermos que sejam. E se você contar a si mesmo uma história várias vezes, ela se tornará verdadeira.

Melhore as coisas. É inteiramente possível que o "produto" que está comercializando não satisfaça nenhuma exigência real, que não haja uma boa estratégia por trás dele e que você esteja sendo egoísta em pensar que deva seguir adiante, só porque o construiu.

Acabe com tudo. Recomece. Faça algo de que você se orgulhe. Divulgue algo de que tenha orgulho. Mas depois de fazer isso, depois que alguém lhe olhar diretamente nos olhos e perguntar: "Pode fazer isso para mim de novo?", depois que tiver agregado valor a um estudante porque o ensinou e o ajudou a chegar ao próximo passo, não pare mais. Porque precisamos da sua contribuição. E se você estiver com problemas em fazer sua contribuição, perceba que seu desafio é uma história que você está divulgando para si mesmo.

É o marketing que fazemos por nós mesmos, para nós mesmos, por nossa conta, a história que nos contamos, que pode mudar tudo. É ela que permitirá que você crie valor, algo que seria perdido se você fosse embora.

Mal posso esperar para ver o que você construirá agora.

UMA LISTA DE LEITURA DE MARKETING
(SEM ORDEM ESPECÍFICA)

Existem milhares de livros que eu adoraria que você lesse, mas tentei destacar livros que têm como foco principal o marketing, particularmente o tipo de marketing que discutimos neste livro.

Atravessando o Abismo, de Geoff Moore

A Cauda Longa: Por que é que o Futuro dos Negócios é Vender Menos de Mais Produtos, de Chris Anderson

My Life in Advertising and Scientific Advertising, de Claude Hopkins

Ogilvy on Advertising, de David Ogilvy

Adcreep, de Mark Bartholomew

Who Do You Want Your Customers to Become? (Um pequeno clássico moderno de Michael Schrage.)

Creating Customer Evangelists: How Loyal Customers Become a Volunteer Salesforce, de Jackie Huba e Ben McConnell

The New Rules of Marketing and PR: How to Use Social Media, Online Video, Mobile Applications, Blogs, News Releases, and Viral Marketing to Reach Buyers Directly, de David Meerman Scott

Os Segredos da Arte de Vender (O livro de Zig Ziglar fala tanto sobre marketing quanto vendas.)

Posicionamento: A Batalha por Sua Mente, de Jack Trout e Al Ries

Vaca Roxa: Como Transformar Sua Empresa e Ganhar o Jogo Fazendo o Inusitado, de Seth Godin

Tribos: Nós Precisamos que Você nos Lidere, de Seth Godin

Todo Marqueteiro é Mentiroso!, de Seth Godin (De todos meus livros sobre marketing, este é o mais preciso em suas ideias.)

Marketing Ideiavirus: Como Transformar as Suas Ideias em Epidemias (Mais um escrito por mim.)

Direct Mail Copy That Sells, de Herschell Gordon Lewis (Um dos muitos clássicos sobre copywriting.)

O Novo Mundo das Marcas: 8 Princípios para a Sua Marca Conquistar a Liderança, de Scott Bedbury e Stephen Fenichell

O Culto das Marcas — Quando os Clientes se Tornam Verdadeiros Adeptos, de Douglas Atkin (Um tesouro desvalorizado.)

Selling the Dream, de Guy Kawasaki (Sua melhor obra.)

Do Sonho à Realização em 4 Passos: Estratégias para a Criação de Empresas de Sucesso, de Steve Blank (Um livro de partida com insight essencial sobre marketing.)

O Ponto da Virada — The Tipping Point: Como Pequenas Coisas Podem Fazer uma Grande Diferença, de Malcolm Gladwell

Marketing: A Love Story: How to Matter to Your Customers (Bernadette Jiwa é brilhante, e recomendo que você leia todos os livros dela.)

Syrup, de Max Barry (O melhor romance sobre marketing já escrito.)

Free — Grátis, o Futuro dos Preços, de Chris Anderson

UMA LISTA DE LEITURA DE MARKETING 257

Rocket Surgery Made Easy, de Steve Krug (Um livro surpreendente sobre testes)

Marketing de Guerrilha, de Jay Levinson e Seth Godin

The Regis Touch, de Regis McKenna

Novas Regras para uma Nova Economia, de Kevin Kelly

Talking to Humans: Success Starts with Understanding Your Customers, de Giff Constable (Uma versão estendida de um post de blog a respeito da comunicação com os clientes.)

O Seminário de Tom Peters: Tempos Loucos Pedem Organizações Loucas, de Tom Peters

A Busca do Uau!, de Tom Peters

Comece pelo Porquê, de Simon Sinek

A Economia da Experiência, Edição Atualizada, de Joseph Pine e James Gilmore

Meaningful Work, de Shawn Askinosie

A Pergunta Definitiva 2.0: Como as Empresas que Implementam o Net Promoter Score Prosperam em um Mundo Voltado aos Clientes, de Fred Reichheld

Business Model Generation: Inovação em Modelos de Negócios, de Alexander Osterwalder e Yves Pigneur

A Guerra da Arte — Supere os Bloqueios e Vença Suas Batalhas Interiores de Criatividade e *Do the Work*, de Steve Pressfield (Sobre o motivo de você talvez ter dificuldade em fazer o que sabe que vai funcionar.)

UMA SIMPLES PLANILHA DE MARKETING

- Para quem é isso?
- Para que é isso?
- Qual é a cosmovisão do público que você está procurando alcançar?
- Do que eles têm medo?
- Que história você contará? Ela é verdadeira?
- Que mudança você está tentando fazer?
- Como ela mudará o status das pessoas?
- Como você alcançará os adotantes iniciais e os neófilos?
- Por que eles contariam aos amigos?
- O que contarão aos amigos?
- Onde está o efeito de rede que levará isso em frente?
- Qual ativo você está construindo?
- Você tem orgulho dele?

ÍNDICE

A

adaptadores, 49

aderência, 161

adotantes iniciais, 49, 218

afiliação, xvi, 141

  e domínio, 13, 104

  e justiça, 30

agente de mudança, 27, 103

Alcoólicos Anônimos, 200

Al Ries, 59

Amazon, 7–10, 39, 218

Apple, 32–42, 219

atenção, 3, 13, 14, 34, 51, 171, 191, 202

  gratuita, 172

atos de marketing, 76

aumento de preço, 189

autêntico, 77

B

best-seller da Amazon, 99

Blank, Steve, 35

By the Way Bakery, 29

C

commodity, 69, 70

confiança, 42, 178, 179, 202, 205, 248

  acarreta atenção, 202

  e aderência, 155

  e atenção, 168

  e clareza, 74

conquistar confiança, 63

correspondência, 115

cosmovisão, 31, 42

cultura, xvi

D

David Ogilvy, 58

desconfiança, 202

detalhes semióticos, 155

dinâmica de status, 130

domínio ou afiliação, 138

Draper, Don, 4–10

Dunkin' Donuts, 31

E

educação

obrigatória, 161

voluntária, 161

empatia, 44, 65

empreendedorismo enxuto, 35

estratégia, 167, 168

F

Facebook, 25

fazer

a diferença, 38

a mudança acontecer, 103

marketing, 245

mudanças, 37

foco, 34

obsessivo, 38

Fox News, 31

funções de status, 126, 225, 245

G

ganhar

aderência, 161

confiança, 202

status, 139

Google, 74

H

Heinz, 218

hierarquia de status, 128

humildade, 51

I

impulsionado

pelo marketing, 25

pelo mercado, 25

Índia, 17–26

Instagram, 9–10

interrupção, 116

J

Jack Trout, 59

JCPenney, 32–42

JetBlue, 218

Jiwa, Bernadette, 11–16

Johnson, Ron, 32–42

ÍNDICE **263**

K

Kickstarter, 8–10

L

Lakoff, George, 31

Lei de Metcalfe, 92

M

marketing, xv, xvi, xvii, 24, 181

de conteúdo, 93

de guerrilha, 11

de influência, 93

de marca, 14, 173–175

direto, 14, 173

e a publicidade, xvii

eficaz, 29

eficaz atual, 2

mecanismos de pesquisa, 179

meio de massa, 3

menor mercado viável, 12, 33–42, 94, 96

mercado, xix

mercado de massa, 1–10, 95

Meyer. Danny, 33–42

microeconomia, 25

micromercado, 95

mudança, xvi, xix, 34

de status, 130

profunda, 103

N

não é sinônimo de garantia, 29

neófilos, 160, 197, 218

O

objetivo, 167

Ogilvy, David, 4–10

P

participação de mercado, xvi

Penguin Magic, 7–10

percepção e poder, 54

perfil psicográfico, 31

personas, 33

pessoas como nós, 104

Piver, Susan, 41

plano de negócio

moderno, 143, 144

plano de negócios

melhor, 146

poder do marketing, 96

preço, 181, 182

baixo, 184

fixo, 183

prestar atenção, 86

preste atenção, 192

produto mínimo viável, 35–42

profissional de marketing, xv, 6, 13, 103, 107, 140, 160, 191, 202

típico, 101

Projeto Open Heart, 41

promessa, 29

publicidade, xvii, 164, 169, 171, 174, 175

R

Rosser Reeves, 58

S

sangha, 41

semiótica, 148, 149, 150

Shirky, Clay, 36

símbolo de status, 150

símbolos, 147

sonho ou desejo, 80

Spinnaker, 11–16

Starbucks, 31, 218

status, 54, 123, 127, 132

relativo, 132

status quo, xvii, 64, 117, 123

T

táticas, 167, 168

TED Talks, 8–10

tempo e dinheiro, 140

tensão, 117, 119

The American Heart Association, 218

tipo de marketing, 6

TNT, 28

trabalho, 80

emocional, 77, 78

tração do cliente, 93

tribo, 231

U

Union Square Cafe, 33–42

V

Vale do Silício, 24, 35–42

VisionSpring, 17–26

W

Wikipedia, 25, 36

Wunderman, Lester, 11–16

Y

Yelp, 8–10

YouTube, 7–10

MAIS OBRAS DE SETH GODIN

What to Do When It's Your Turn

A Ilusão de Ícaro

V is for Vulnerable

altMBA.com

TheMarketingSeminar.com

Linchpin

Tribos

O Melhor do Mundo

Brinde Grátis! Aproveite! — A Sua Próxima Grande Ideia de Marketing

Vaca Roxa

ACESSE SETHGODIN.COM [CONTEÚDO EM INGLÊS]

CONHEÇA OUTROS LIVROS DA ALTA BOOKS

Negócios - Nacionais - Comunicação - Guias de Viagem - Interesse Geral - Informática - Idiomas

   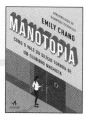

Todas as imagens são meramente ilustrativas.

SEJA AUTOR DA ALTA BOOKS!

Envie a sua proposta para: autoria@altabooks.com.br

Visite também nosso site e nossas redes sociais para conhecer lançamentos e futuras publicações!
www.altabooks.com.br

 /altabooks ▪ /altabooks ▪ /alta_books

ALTA BOOKS
EDITORA

Impressão e Acabamento|Gráfica Viena

www.graficaviena.com.br